O conflito

Elisabeth Badinter

O conflito

Tradução:
Véra Lucia dos Reis

Revisão técnica:
Joel Birman

1ª edição

Rio de Janeiro
2024

Copyright © Elisabeth Badinter, 2024

Título original: *Le Conflit: La femme et la mére*

1ª edição Editora Record, 2011
1ª edição Editora Rosa dos Tempos, 2024

Projeto gráfico de capa: Maikon Nery
Diagramação: Abreu's System | Raphael Chiacchio

Este livro foi revisado segundo o Acordo Ortográfico da Língua Portuguesa de 1990.

Todos os direitos reservados. É proibido reproduzir, armazenar ou transmitir partes deste livro, através de quaisquer meios, sem prévia autorização por escrito.

Direitos desta tradução adquiridos pela
EDITORA RECORD LTDA.
Rua Argentina, 171 – 3º andar – São Cristóvão
20921-380 – Rio de Janeiro, RJ
Tel.: (21) 2585-2000.

Seja um leitor preferencial Record.
Cadastre-se no site www.record.com.br
e receba informações sobre nossos
lançamentos e nossas promoções.

Atendimento e venda direta ao leitor:
sac@record.com.br

Impresso no Brasil
2024

CIP-BRASIL. CATALOGAÇÃO NA PUBLICAÇÃO
SINDICATO NACIONAL DOS EDITORES DE LIVROS, RJ

B126c

Badinter, Elisabeth, 1944-
  O conflito / Elisabeth Badinter ; tradução Véra Lucia dos Reis ; revisão técnica Joel Birman. – 1. ed. – Rio de Janeiro : Rosa dos Tempos, 2024.

  Tradução de: Le conflit : la femme et la mére
  ISBN 978-65-8982-839-6

  1. Mulheres - Condições sociais. 2. Maternidade. 3. Papel social. I. Reis, Véra Lucia dos. II. Birman, Joel. III. Título.

24-88521
CDD: 305.42
CDU: 316.346-055.26

Meri Gleice Rodrigues de Souza – Bibliotecária – CRB-7/6439

Para Robert

SUMÁRIO

Prólogo: A revolução silenciosa   9

Primeira parte: Panorama geral

Capítulo I: As ambivalências da maternidade   17
- *Os tormentos da liberdade*   18
- *Os efeitos da ambivalência*   26

Segunda parte: A ofensiva naturalista

Capítulo II: A santa aliança dos "reacionários"   43
- *Da política à maternidade ecológica*   43
- *Quando as ciências redescobrem o instinto materno*   55
- *A reviravolta do feminismo*   67

Capítulo III: Mães, vocês lhes devem tudo!   77
- *Maternidade e ascetismo*   78
- *A batalha do leite*   82
- *O resultado*   102

Capítulo IV: O império do bebê — 117
   A mãe antes do pai — 118
   O bebê antes do casal — 123
   A criança antes da mulher — 128

Terceira parte: De tanto superestimar

Capítulo V: A diversidade das aspirações femininas — 143
   A mulher mãe — 144
   Da recusa ao perpétuo adiamento — 147
   Mulher e mãe — 153

Capítulo VI: A greve dos ventres — 157
   Onde os deveres maternos são os mais pesados — 160
   A emergência de um novo estilo de vida — 169
   À procura de uma nova definição da feminilidade — 182

Capítulo VII: O caso das francesas — 187
   Mães "medíocres", porém mães... — 189
   Uma tradição ancestral: a mulher antes da mãe — 193

Referências bibliográficas — 205

PRÓLOGO

A revolução silenciosa

1980-2010: quase sem que percebêssemos, aconteceu uma revolução em nossa concepção da maternidade. Nenhum debate, nenhum estardalhaço acompanhou essa revolução, ou melhor, essa involução. Contudo, seu objetivo é considerável, já que se trata, nem mais nem menos, de recolocar a maternidade no cerne do destino feminino.

No final dos anos 1970, providas dos meios de controlar a reprodução, as mulheres aspiram à conquista de seus direitos essenciais, a liberdade e a igualdade (em relação aos homens), que elas pensam poder conciliar com a maternidade. Esta última não é mais o alfa e o ômega da vida feminina. Abre-se para elas uma diversidade de modos de vida, que suas mães não conheceram. Pode-se dar prioridade às ambições pessoais, gozar do celibato e de uma vida de casal sem filhos, ou satisfazer o desejo de maternidade, com ou sem atividade profissional. De resto, essa nova liberdade se revelou fonte de uma espécie de contradição. Por um lado, modificou sensivelmente a condição da maternidade, implicando o acréscimo de deveres em relação à criança que se *decidiu* pôr no mundo. Por outro, dando fim às antigas noções de destino e de necessidade natural, ela traz para o primeiro plano a ideia de realização pessoal. Um filho, dois ou mais, se eles enriquecem nossa vida afetiva e correspondem à nossa escolha de vida. Caso contrário, é preferível abster-se. O individualismo e o hedonismo próprios à nossa cultura tornaram-se os principais motivos para a nossa reprodução, mas, às vezes, também para a sua recusa. Para a maioria das mulheres, a conciliação entre os deveres maternos, que não param de aumentar, e o próprio desenvolvimento pessoal continua problemática.

Há trinta anos, esperava-se ainda resolver o problema da quadratura do círculo por meio da divisão justa, com os homens, do mundo exterior e do universo familiar. Acreditamos mesmo estar no caminho certo até que, nos anos 1980 e 1990, os sinos dobraram por nossas esperanças. De fato, o período marca o início de uma tripla crise fundamental que pôs fim (momentaneamente?) às ambições do decênio anterior: a crise econômica conjugada a outra, a identitária, interrompeu brutalmente a marcha rumo à igualdade, como comprova a estagnação dos salários desde aquela época.

Assim, no início dos anos 1990, a *crise econômica* devolveu grande número de mulheres ao lar, em especial as menos preparadas e as economicamente mais frágeis. Na França, ofereceram-lhes um salário-maternidade para que ficassem em casa e cuidassem de seus filhos pequenos durante três anos. Afinal, diziam, a maternidade é um trabalho como outro qualquer e, frequentemente, com mais valor que qualquer outro, exceto pelo fato de ser estimado em apenas meio salário mínimo! O desemprego maciço, que atingiu mais duramente as mulheres do que os homens, teve como consequência trazer a maternidade para o primeiro plano: um valor mais seguro e reconfortante do que um trabalho mal pago que se pode perder da noite para o dia. Isso porque sempre se considera o desemprego do pai mais destruidor que o da mãe, e porque os psicopediatras descobriam continuamente novas responsabilidades em relação à criança, que só incumbiam à mãe.

Assim é que a crise econômica teve consequências negativas na esperada evolução dos homens. Sua resistência à divisão das tarefas e à igualdade foi com isso aumentada. As tentativas promissoras a que pensávamos assistir se interromperam aí. A *crise igualitária* que se mede pela desigualdade salarial entre homens e mulheres tem origem na desigual repartição das tarefas familiares e domésticas. Atualmente, bem como há vinte anos, são sempre as mulheres que assumem 3/4 delas. Por isso a crise econômica é a única causa da estagnação da desigualdade. Outra, mais difícil ainda de ser resolvida, chegou para reforçá-la: uma *crise identitária*, provavelmente sem precedente na história da humanidade.

Até recentemente, os universos masculino e feminino eram estritamente diferenciados. A complementaridade dos papéis e das funções alimentava o sentimento de identidade específica de cada sexo. Na medida em que homens e mulheres podem assumir as mesmas funções e exercer os mesmos papéis – nas esferas públicas e privadas –, o que resta de suas diferenças essenciais? Embora a maternidade seja o apanágio da mulher, seria concebível apegar-se a uma definição negativa do homem: aquele que não gesta filhos?

Motivo para provocar nele uma profunda vertigem existencial, a questão se tornou ainda mais complexa com a possibilidade de dissociação do desenvolvimento materno e, talvez, com a necessidade de uma redefinição da maternidade. A mãe é aquela que dá o óvulo, aquela que gesta a criança ou aquela que a educa? Nesse caso, o que resta das diferenças essenciais entre paternidade e maternidade?

Diante de tantas conturbações e incertezas, é forte a tentação de entregar-se à nossa boa velha mãe natureza e estigmatizar as ambições aberrantes da geração precedente. Tentação reforçada pela emergência de um discurso aureolado com o véu da modernidade e da moral, que tem o nome de naturalismo. Essa ideologia, que prega simplesmente a volta a um modelo tradicional, pesa fortemente sobre o futuro das mulheres e suas escolhas. Como Rousseau em seu tempo, pode-se hoje convencê-las a reatar com a natureza e voltar aos fundamentos dos quais o instinto materno seria o pilar. Diferentemente, porém, do século XVIII, elas têm hoje três possibilidades: aderir, recusar ou negociar, caso privilegiem os interesses pessoais ou a função materna. Quanto mais intensa esta for, e até mesmo exclusiva, mais ela tem a chance de entrar em conflito com outras reivindicações, e mais difícil se torna a negociação entre a mulher e a mãe. Ao lado das que encontram plena realização na maternidade, e daquelas que, cada vez mais numerosas, voluntariamente ou não a recusam, há todas as que, sensíveis à ideologia materialista dominante, se interrogam sobre a possibilidade de conciliar os desejos de mulher e os deveres de mãe. Ao fazer isso, a ilusão de uma atitude única por parte das mulheres se estilhaça, tantos são os interesses divergentes. Motivo também para se questionar novamente a definição de uma identidade feminina...

Contudo, essa evolução, observável em todos os países desenvolvidos, conhece intensos matizes segundo a história e a cultura de cada um. Anglo-saxãs, escandinavas, mediterrâneas e também germânicas ou japonesas se fazem as mesmas perguntas, respondendo-as cada uma a seu modo. Curiosamente, as francesas constituem um grupo à parte. Não porque ignorem totalmente o dilema que se apresenta às outras, mas porque a concepção que têm da maternidade decorre – voltaremos a isso – da condição particular da mulher elaborada há mais de quatro séculos.[1] Graças, talvez, a essa concepção, elas são hoje as mais fecundas da Europa. Cabe perguntar se o apelo sempre renovado do instinto materno, e dos comportamentos que ele pressupõe, não é o pior inimigo da maternidade!

---

1. Elisabeth Badinter, *L'amour en plus. Histoire de l'amour maternel*, XXVIIe-XXe *siècles*, 1980. [Ed. bras.: *Um amor conquistado. O mito do amor materno*. Trad. Waltensir Dutra. Rio de Janeiro: Nova Fronteira, 1980].

Primeira parte

Panorama geral

CAPÍTULO I

As ambivalências da maternidade

Antes dos anos 1970, a criança era a consequência natural do casamento. Toda mulher apta a procriar o fazia sem muitas perguntas. A reprodução era ao mesmo tempo um instinto, um dever religioso e uma dívida a mais para com a sobrevivência da espécie. Era evidente que toda mulher "normal" desejava filhos. Evidência tão pouco discutida que, ainda recentemente, podia-se ler em uma revista: "O desejo de ter filhos é universal. Ele nasce das profundezas de nosso cérebro reptiliano, do motivo por que somos feitos: prolongar a espécie".[1] Contudo, desde que a grande maioria das mulheres passou a utilizar contraceptivo, a ambivalência materna aparece mais claramente, e a força vital oriunda desse cérebro reptiliano parece um tanto enfraquecida... O desejo de ter filhos não é nem constante, nem universal. Algumas os querem, outras não os querem mais, outras, enfim, nunca os quiseram. Já que existe escolha, existe diversidade de opiniões, e não é mais possível falar de instinto ou de desejo universal.

---

1. *Psychologies Magazine*, maio de 2009. Dossiê "Vouloir un enfant".

Os tormentos da liberdade

A opção de ser mãe

Toda escolha pressupõe uma reflexão sobre motivos e consequências. Pôr um filho no mundo é um compromisso de longo prazo que implica dar prioridade a ele. É a decisão mais perturbadora que um ser humano é levado a tomar na vida. A sabedoria exigiria, pois, que ele pensasse duas vezes e se interrogasse seriamente sobre sua capacidade altruística e sobre o prazer que se pode obter disso. É sempre assim?

Recentemente, a *Philosophie Magazine* publicou uma pesquisa bastante instrutiva.[2] À pergunta: "Por que fazemos filhos?", os franceses (homens e mulheres) responderam nos seguintes termos:[3]

Um filho torna a vida cotidiana mais bonita e alegre	60%
Permite fazer a família perdurar, transmitir seus valores, sua história	47%
Um filho dá afeto, amor e faz com que sejamos menos sós na velhice	33%
É dar de presente a vida a alguém	26%
Torna mais intensa e mais sólida a relação do casal	22%
Ajuda a se tornar adulto, a assumir responsabilidades	22%

(Continua)

---

2. Pesquisa realizada por *TNS-Sofres* de 2 a 5 de janeiro de 2009 a partir de uma amostra nacional representativa de mil pessoas. Publicada no n. 27, de março de 2009.
3. As pessoas consultadas poderiam dar várias respostas.

(Continuação)

Permite deixar parte de si na Terra depois da morte	20%
Para permitir que o filho faça o que não pudemos fazer	15%
Ter um filho é uma nova experiência	15%
Para satisfazer o(a) parceiro(a)	9%
É uma escolha religiosa ou ética	3%
Outras respostas (não sugeridas)	4%
Você teve um filho sem motivo especial, por acidente	6%
Total	
Têm filhos, desejam ou desejariam ter	91%
Não têm filhos e não desejam ter	3%

A *Philosophie Magazine* observa com razão que, se 48% das respostas estão associadas ao amor e 69% ao dever, 73% estão associadas ao prazer. O hedonismo alcança o primeiro lugar das motivações, sem que se trate jamais de sacrifício e de altruísmo.

Na verdade, a razão influencia pouco a decisão de gerar um filho. Provavelmente menos do que a rejeição da criança. Além do inconsciente, que pesa fortemente sobre ambas, é preciso confessar que a maioria dos pais não sabe por que gera uma criança,[4] e que suas motivações são infinitamente mais obscuras e confusas do que as referidas na sondagem. Aí reside a tentação de apelar para um instinto que se sobrepõe a tudo. De fato, a decisão decorre mais amplamente do afetivo e do normativo do que

---

4. Raras são as mulheres que reconhecem isso. Portanto, esta é a oportunidade de cumprimentar as que o dizem, tal como a quebequense Pascale Pontoreau em *Des enfants, en avoir ou pas* (2003), ou a filósofa Éliette Abécassis no romance *Un heureux événement* (2005). Depois de honesta reflexão, sua heroína conclui que fazemos filhos "por Amor, por Tédio e por Medo da morte", p. 15.

da consideração racional das vantagens e dos inconvenientes. Se frequentemente a influência da afetividade é lembrada, pouco se fala das não menos importantes pressões da família, dos amigos e da sociedade que pesam sobre cada um de nós. Uma mulher (e, em menor grau, um homem) ou um casal sem filhos parecem hoje uma anomalia que provoca questionamento. Que ideia não engravidar e escapar da norma! Eles são sempre obrigados a se explicar, embora não passe pela cabeça de ninguém perguntar a uma mãe por que ela é mãe (e exigir dela razões válidas), fosse a mais infantil e irresponsável das mulheres. Em compensação, aquela que permanece voluntariamente infecunda tem poucas chances de escapar dos suspiros de seus pais (os quais ela impediu de serem avós), da incompreensão das amigas (que gostam que se faça o que elas fazem) e da hostilidade da sociedade e do Estado, por definição natalistas, que possuem múltiplos pequenos meios de punir você por não ter feito seu dever. É preciso, pois, uma vontade a toda prova e um caráter inflexível para não ligar para todas essas pressões, e até mesmo para certa estigmatização.

O dilema hedonista ou a maternidade contra a liberdade

De resto, o individualismo e a busca da plenitude pessoal predispõem as futuras mães a se fazerem perguntas que elas não se faziam no passado. Uma vez que a maternidade não é mais o único modo de afirmação de uma mulher, o desejo de filhos pode entrar em conflito com outros imperativos. As que têm uma profissão interessante e sonham em fazer carreira – uma minoria – não podem evitar as seguintes perguntas: até que ponto a criança vai pesar sobre seu percurso profissional? Poderão lidar simultaneamente com uma carreira exigente e a criação de uma criança? Quais serão as consequências disso para a relação matrimonial? Como reorganizar a vida doméstica? Poderão elas conservar as vantagens de sua vida atual e, em especial, que aspecto da liberdade elas deverão abandonar?[5] A última pergunta diz respeito a um número bem maior de mulheres, não apenas às de carreira.

Em uma civilização em que "primeiro o meu" se erige como um princípio, a maternidade é um desafio ou mesmo uma contradição. O que é legítimo para uma mulher que não é mãe deixa de ser quando se tem uma criança. A preocupação consigo mesma deve dar lugar ao esquecimento de si, e ao "eu quero tudo" sucede o "eu lhe devo tudo". A partir do momento em que se escolhe pôr uma criança no mundo para seu prazer, fala-se menos de dom do que de dívida. Do dom da vida de antigamente, passamos a uma dívida infinita em relação àquele que nem Deus, nem a natureza nos impõem mais, e que, um dia, será capaz de nos lembrar que não pediu para nascer...

Quanto maior a liberdade de decisão, maior a responsabilidade dos deveres. Em outras palavras, a criança, que representa uma fonte incontestável de realização para algumas mulheres, pode revelar-se um obstáculo para outras. Tudo depende do investimento na maternidade e da capacidade altruísta delas. Contudo, antes de tomar uma decisão, raras são as mulheres (e os

---

5. Perguntas livremente inspiradas no livro de Marian Faux, *Childless by choice*, 1984, p. 28.

casais) que se entregam à avaliação dos prazeres e sofrimentos, dos benefícios e sacrifícios. Ao contrário, parece que uma espécie de halo ilusório veda a realidade materna. A futura mãe fantasia apenas o amor e a felicidade. Ela ignora a outra face da maternidade feita de esgotamento, de frustração, de solidão e até mesmo de alienação, com seu cortejo de culpa. Quando lemos os recentes testemunhos de mães,[6] avaliamos o quanto elas estão pouco preparadas para essa conturbação. Não me preveniram, dizem elas, das dificuldades da aventura. "Fazer um filho está ao alcance de todos; no entanto, poucos futuros pais conhecem a verdade, *é o fim da vida*",[7] que se deve entender como o fim da minha liberdade e dos prazeres que ela me oferecia. Os primeiros meses do bebê são especialmente penosos: "Impossível ser solicitada assim, impossível que a realização possa nascer dessa dependência, dessa inquietação sem remissão ou escapatória."[8] Ou ainda: "Ele mamava, preso ao seu programa como eu à minha televisão. [...] Eu acordava, voltava a dormir, amanhecia, anoitecia, ninguém me avisou que seria tão entediante – ou então eu não teria acreditado."[9]

Se, para Marie Darrieussecq, a alegria sobrepõe-se ao tédio, para outras é a impressão do vazio que domina, e elas não aspiram senão a reencontrar o mundo exterior.

* * *

---

6. Marie Darrieussecq, *Le Bébé*, 2002; Nathalie Azoulai, *Mère agitée*, 2002; Éliette Abécassis, *Un heureux événement*, 2005; Pascale Kramer, *L'Implacable brutalité du réveil*, 2009.
7. Éliette Abécassis, *op. cit.*, p. 15. Grifo nosso.
8. Pascale Kramer, *op. cit.*, p. 17.
9. Marie Darrieussecq, *op. cit.*, p. 98.

Forçoso é constatar que a maternidade continua sendo a grande desconhecida. A mudança de vida que conduz a uma mudança radical das prioridades pertence à esfera do risco. Umas encontram nela uma felicidade e um benefício identitário insubstituíveis. Outras conseguem de alguma forma conciliar exigências contraditórias. Outras, finalmente, jamais confessarão que não conseguem, e que a experiência materna delas é um fracasso. De fato, nada é mais inconfessável em nossa sociedade do que essa declaração. Reconhecer que se enganou, que não era feita para ser mãe e que obteve com isso poucas satisfações faria de você uma espécie de monstro irresponsável. Contudo, há tantas crianças mal-amadas, mal criadas e abandonadas, em todas as classes da sociedade, que comprovam essa realidade! Daí vem o interesse de uma experiência frequentemente citada pela literatura americana sobre o assunto, a de uma cronista do *Chicago Sun-Times*, Ann Landers, que, nos anos 1960, perguntou aos seus leitores se eles novamente escolheriam ser pais, sabendo o que sabiam. Para surpresa geral, ela recebeu uma dezena de milhares de respostas, dentre as quais 70% respondiam pela negativa.[10] Aos olhos dessas pessoas, o sacrifício era mais importante se comparado à satisfação que obtiveram. É certo que essa experiência não tem valor de enquete científica. Somente os pais decepcionados tiveram vontade de responder. Mas ela teve o mérito de tirar do silêncio aqueles que ignoramos.[11]

---

10. *Chicago Sun-Times*, 29 de março de 1976. Ver Marian Faux, *op. cit.*, p. 2.
11. A experiência foi tentada várias vezes nos anos 1990 pela fundadora da rede *Childfree*, Leslie Lafayette. Em programas de rádio, ela fazia às ouvintes, com a garantia do anonimato, a mesma pergunta. A porcentagem de respostas negativas varia entre 60% e 45%. Mais uma vez esses números têm a única finalidade de dar a palavra às pessoas decepcionadas com a experiência parental. Eles não dão nenhuma indicação sobre a porcentagem efetiva.

A maternidade e as virtudes que ela pressupõe não são evidentes. Nem atualmente, nem no passado, quando era um destino obrigatório. Optar por ser mãe não garante, como inicialmente se acreditou, uma melhor maternidade. Não apenas porque a liberdade de escolha talvez seja um embuste, mas também porque ela aumenta consideravelmente o peso das responsabilidades em um tempo em que o individualismo e a "paixão de si"[12] nunca foram tão poderosos.

A maternidade aumenta a desigualdade do casal

Desde Durkheim, sabe-se que o casamento prejudica as mulheres e beneficia os homens. Um século depois, a afirmação deve ser entendida em suas nuances, mas a *injustiça doméstica*[13] permanece: a vida conjugal sempre teve custo social e cultural para as mulheres, tanto no que diz respeito à divisão das tarefas domésticas e à educação dos filhos quanto à evolução da carreira profissional e à remuneração. Hoje, não foi propriamente o casamento que perdeu o caráter de necessidade, mas é a vida matrimonial e, sobretudo, o nascimento do filho que pesam sobre as mulheres. O concubinato, largamente disseminado, não pôs fim à desigualdade doméstica, ainda que as pesquisas mostrem que ele favorece as mulheres mais do que o casamento. Pelo menos no início da vida do casal, pois a chegada da criança dificulta nota-

---

12. Expressão emprestada de Jean-Claude Kaufmann. Ver *L'invention de soi*, 2004, p. 276. [Ed. port. : *A invenção de si*. Lisboa: Instituto Piaget, 2004].
13. Título do livro publicado em 2007 sob a direção de François de Singly, vinte anos depois de *Fortune et infortune de la femme mariée*, 1987 e 2004.

velmente as horas domésticas da mulher,[14] enquanto o homem, na qualidade de pai, se dedica mais ao trabalho profissional. Segundo F. de Singly, "a amplitude do trabalho doméstico – e sua justificação – decorre menos das demandas dos homens do que das exigências, reais ou supostas, dos filhos. A partida dos filhos demonstra, quase que experimentalmente, que o custo da vida conjugal deriva largamente do custo da criança."[15]

É verdade que as mulheres, quanto mais diplomadas são, menos realizam trabalho doméstico e mais intensificam o trabalho profissional, sem que por isso o companheiro faça mais em casa.[16] O capital escolar da mulher, conforme observa de Singly, serve, antes de tudo, para recorrer a serviços externos à família – o que não podem se permitir as mães menos dotadas que têm uma atividade profissional. O sociólogo observa que isso não deixa de ter consequência sobre a maternidade: "A revolução dos costumes aproximou homens e mulheres mais diplomados, afastando essas mulheres de suas coirmãs menos diplomadas."[17]

---

14. Ver a pesquisa americana de Shelton e John (1993) publicada por François de Singly no posfácio (2004) de *Fortune et infortune...*, *op. cit.*, p. 218. Ver também o recente artigo de Arnaud Régnier-Loilier, "L'arrivée d'un enfant modifie-t-elle la répartition des tâches domestiques au sein du couple?", *Population & Sociétés*, n. 461, novembro de 2009. Ele constata que "a chegada da criança acentua o desequilíbrio da divisão das tarefas" em detrimento da mãe, o que colabora para seu afastamento do mercado de trabalho. Atualmente, tanto quanto no passado, as mulheres assumem as tarefas domésticas essenciais, que são cada vez mais pesadas ao longo dos nascimentos. O autor sublinha que a insatisfação das mulheres aumenta depois do nascimento de um filho.
15. François de Singly, *Fortune et infortune...*, *op. cit.*, p. 215.
16. *Ibid.*, p. 221: Quadro sobre a divisão do trabalho de acordo com o gênero e o diploma (INSEE EDT, 1998-1999).
17. *Ibid.*, p. 222.

Enquanto as primeiras tendem a investir mais no trabalho, a ponto, às vezes, de renunciar à maternidade, as segundas fazem a opção inversa, sobretudo quando o trabalho é raro e mal pago! A desigualdade social que se soma à dos gêneros pesa fortemente sobre o desejo de filhos.

Os efeitos da ambivalência

Desde que as mulheres controlam a fecundidade, assiste-se aos quatro fenômenos que atingem todos os países desenvolvidos: declínio da fertilidade, elevação da idade média da maternidade, aumento das mulheres no mercado de trabalho e diversificação dos modos de vida das mulheres, com o aparecimento, em número crescente de países, do modelo do casal, ou da solteira, sem filhos.

Menos filhos, nenhum filho

Apesar das políticas familiares cada vez mais generosas, os países industrializados mal conseguem (e alguns nem isso) manter o índice de reprodução. A retração da maternidade é violenta, como mostram os indicadores de fecundidade (número de filhos em média por mulher) em 1970 e 2009. A título de exemplo, na Europa:[18]

---

18. Este quadro e o seguinte têm como fonte o Eurostat, os institutos nacionais de estatística e a ONU. Reunidos pelo Institut National d'Études Démographiques (INED), podem ser consultados em: http://www.ined.fr/fr/pop_chiffres/pays_developpes/indicateurs_fecondite/.

	1970	1980	1990	2006	2009[19]
Alemanha	2,03	1,56	1,45	1,34	1,3
Áustria	2,29	1,65	1,46	1,41	1,4
Dinamarca	1,99	1,55	1,67	1,85	1,9
Espanha	2,88	2,20	1,36	1,36	1,5
França metropolitana	2,47	1,95	1,78	1,98	2,0
Grécia	2,40	2,23	1,39	1,38	1,4
Irlanda	3,85	3,24	2,11	1,93	2,0
Itália	2,43	1,64	1,33	1,35	1,4
Noruega	2,50	1,72	1,93	1,90	2,0
Países Baixos	2,57	1,60	1,62	1,71	1,8
Polônia	2,26	2,26	2,05	1,27	1,4
Portugal	3,01	2,25	1,57	1,36	1,3
Reino Unido	2,43	1,89	1,83	1,85	1,9
Suécia	1,92	1,68	2,13	1,85	1,9
Suíça	2,10	1,55	1,58	1,44	1,5

Mesmo observando diferenças importantes entre o norte e o sul da Europa, a tendência à queda é geral, como também nos Estados Unidos, Canadá, Austrália, Nova Zelândia ou Japão, embora se note aqui e ali um ligeiro aumento da natalidade nos últimos anos:

	1970	1980	1990	2006	2009
Estados Unidos	2,43	1,85	2,08	2,10	2,1
Canadá	2,28	1,64	1,68	1,54	1,6
Austrália	2,86	1,89	1,90	1,81	2,0
Nova Zelândia	3,17	2,02	2,16	2,01	2,2
Japão	2,12	1,76	1,54	1,32	1,4

19. Gilles Pison, "Tous les pays du monde (2009)", *Population & Sociétés*, n. 458, julho-agosto de 2009.

Embora nem todos os demógrafos tenham a mesma opinião sobre a eficácia real das políticas familiares (as suecas, que a esse respeito são particularmente beneficiadas há mais de vinte anos, têm menos filhos que as americanas ou as irlandesas, que não têm as mesmas vantagens), elas continuam sendo a principal alavanca na tentativa de inverter a curva. Todos os países se perguntam: o que fazer para convencer os casais a serem mais férteis? Como ajudá-los? Conforme se enfoque prioritariamente o casal ou a mulher (com exceção dos países escandinavos, poucos pensam em pressionar os homens para uma melhor divisão das tarefas domésticas!), põe-se em prática uma política familiar tradicional ou moderna que opõe, mais uma vez, os países do Norte aos do Sul. Contudo, quaisquer que sejam os esforços autorizados para permitir às mães conciliar melhor a vida profissional e a familiar (licenças-maternidade mais generosas, facilidades e qualidade da guarda das crianças de menos de 3 anos, horários mais flexíveis na empresa ou no setor público, facilidade de volta ao emprego depois de longas licenças-maternidade etc.), a maioria das europeias ainda não parece disposta a ultrapassar o limite fatídico de 2,1 filhos. Certamente, a França e a Irlanda aproximam-se, mas esses dois países católicos têm pouco em comum. A influência da Igreja na política irlandesa é incontestável, mas está longe de ser o caso na França, onde a contracepção (1967)[20] e o aborto (1975) entraram definitivamente nos costumes. A imigração também

---

20. Os decretos foram publicados a conta-gotas entre 1969 e 1972.

não basta para explicar a taxa de fecundidade na França, pois, se a das imigradas é mais elevada durante seus primeiros anos no país, a geração seguinte tende a se aproximar das taxas das francesas.[21] Na verdade, explica-se mal o caso das francesas natas. Como, aliás, a idade média para o primeiro filho delas está por volta dos 30 anos – as uniões[22] ali, bem como no norte da Europa, não são estáveis –, as mães que continuam com sua atividade profissional depois do segundo filho são mais numerosas do que as do sul. Àqueles que veem nisso uma política tradicionalmente natalista, pode-se observar que ela é menos generosa e menos bem-sucedida que as políticas familiares escandinavas. Em compensação, o que distingue as francesas de suas vizinhas é que poucas destas últimas preferem não ter nenhum filho. Esse fenômeno, surgido nos países anglo-saxões, parece não tê-las impressionado. Uma em cada dez francesas não terá tido filhos ao término de sua vida (voluntária ou involuntariamente), proporção que não evoluiu desde 1940[23] e que permanece "nitidamente menor que as encontradas em inúmeros países europeus: 17% na Inglaterra, no País de Gales e nos Países Baixos, 20% na Áustria

---

21. Todavia, France Prioux aponta que os nascimentos originários de casais mistos continuam a aumentar, mesmo que o ritmo tenha diminuído desde 2007. Ver "L'évolution démographique récente en France", *Population-F*, vol. 63, n. 3, 2008, p. 437-476.
22. Por "uniões", entendemos os casamentos, os Pactos Civis de Solidariedade (PACS), os concubinatos e as coabitações.
23. Laurent Toulemon, "Très peu de couples restent volontairement sans enfant", *Population*, 50ᵉ année, n. 4/5, julho-outubro de 1995, p. 1079-1109. Publicado pelo INED.

e 29% na Alemanha Ocidental, para as mulheres nascidas em 1965".[24] Sem mencionar os Estados Unidos, a Austrália etc.

Essa exceção, a que teremos de voltar, não impede as francesas, bem como todas as outras, de manifestarem pouca pressa em engravidar. Como se a criança não fosse mais a prioridade das prioridades. Trata-se primeiramente de garantir a independência por meio de estudos cada vez mais demorados que possibilitam ascender a um trabalho gratificante (em tempos de crise, o percurso é mais longo e incerto); em seguida, encontrar um companheiro que se deseje para ser pai dos filhos; finalmente, são numerosos os jovens casais que querem primeiramente aproveitar a vida a dois, livre e irresponsável, antes de procriar. A fibra materna[25] desperta preguiçosamente em torno dos 30 e mais energicamente entre os 35 e os 40 anos. O relógio biológico força as mulheres a escolher, e por vezes se tem a impressão de que é a exigência da idade e o medo de perder a possibilidade de ser mãe que determinam as mulheres a procriar, mais do que o irresistível desejo de filho. "Acima de tudo, o filho", como um enriquecimento suplementar para uma vida bem preenchida, mas que já se percorreu um pouco...

Essa abordagem da maternidade não deve esconder todas as outras, pois o característico de nossa época é a diversidade

---

24. Ver Jean-Paul Sardon, "Évolution démographique récente des pays développés", *Population*, n. 1, janeiro-março de 2002, e Isabelle Robert-Bobée, "Ne pas avoir eu d'enfant…". *France, portrait social*, 2006, p. 182.
25. Atualmente, a expressão "instinto materno" não é bem aceita; seus simpatizantes preferem "fibra materna".

das escolhas. Entre as que sonham em se dedicar a uma família numerosa, as que querem filhos e uma profissão, as que não os querem absolutamente e as infecundas que desejam um filho a qualquer preço, é forçoso constatar que a maternidade é apreendida e valorizada de modos bem diferentes.[26]

A heterogeneidade das opções femininas

Buscando ver com maior clareza, pesquisadores anglo-americanos, os primeiros a se confrontarem com o fenômeno das *childless*, propuseram classificações e tipologias. Catherine Hakim foi, assim, uma das primeiras a classificar, descrever e avaliar as opções de vida feminina no século XXI. Ela distingue três categorias: as *home-centred*, as *adaptive* e as *work-centred*,[27] das quais ela esboça em grandes linhas o retrato no quadro abaixo.

Home-centred	Adaptive	Work-centred
20% de mulheres	60% de mulheres	20% de mulheres
Variação: 10% a 30%	Variação: 40% a 80%	Variação: 10% a 30%
A vida familiar e os filhos são suas principais prioridades.	Grupo mais diversificado que inclui as mulheres que desejam combinar trabalho e família com carreiras mais instáveis não planejadas.	Concentra as mulheres sem filhos. A prioridade substancial delas é o emprego ou atividades equivalentes na cena pública: política, esporte, arte etc.

(Continua)

---

26. Observamos que as duas últimas categorias de mulheres, as que não querem e as que querem a qualquer preço, são frequentemente malvistas.
27. *Work-Lifestyle Choices in the 21st Century*, Oxford University Press, 2000, p. 6.

(Continuação)

Home-centred	Adaptive	Work-centred
Preferem não trabalhar.	Querem trabalhar sem se comprometer totalmente com uma carreira profissional.	Totalmente comprometidas com o trabalho.
Diplomas servem de dote intelectual.	Diplomas obtidos com a intenção de trabalhar.	Pesado investimento universitário e de formação para um emprego ou outras atividades.
Receptivas às políticas sociais e familiares.	Muito receptivas a qualquer política.	Receptivas às políticas de emprego.

Contra a impressão frequentemente dada por parte das ciências sociais de que as mulheres formam um grupo homogêneo que procura combinar emprego e vida familiar, Catherine Hakim faz questão de sublinhar a diversidade de seus comprometimentos no trabalho. Lembrando uma "completa heterogeneidade dos modelos de emprego femininos", ela se proíbe de falar de seus interesses comuns, como é usual nos discursos feministas. Ao contrário, essa "heterogeneidade das preferências e das prioridades cria conflitos entre os grupos de mulheres",[28] que se mostram extremamente vantajosos para os homens, cujos interesses são, comparativamente, homogêneos. A seu ver, essa é a principal causa do fracasso do modelo igualitário. Comparados às mulheres, os homens exibem unidade, notadamente durante o período-chave dos 25 aos 50 anos: "Eles procuram o

---
28. *Ibid.*, p. 8.

dinheiro, o poder e uma situação com grande determinação e perseverança."[29] Embora certa heterogeneidade tenha aparecido nos últimos decênios, ela permanece menor em relação à das mulheres. Os homens que escolhem investir no trabalho doméstico representam apenas uma pequena minoria. Como observa Catherine Hakim, se sempre existiram mulheres para disputar o poder com os homens na cena pública e privada, conhecem-se poucos homens que lhes deram o troco na cena familiar, assumindo a educação dos filhos. Ela observa ainda que até mesmo as generosas licenças-paternidade dos países escandinavos têm dificuldade em convencer os pais a se dedicar ao trabalho familiar, embora eles recebam o equivalente ao salário.[30]

Recentemente, nos Estados Unidos, Neil Gilbert propôs outra tipologia que distingue quatro categorias de mulheres em função do número de filhos.[31] Em 2002, 29% dos americanos com idade entre 40 e 44 anos tinham três ou mais filhos; 35% tinham dois; 17,5% tinham apenas um; e 18% não tinham nenhum. A respeito dessas porcentagens, Neil Gilbert descreve quatro tipos ideais[32] de estilo de vida femininos que estabelecem um contínuo de acordo com a importância dada ao trabalho e à família. Em uma das extremidades estão as mães de família numerosa (com

---

29. *Ibid.*, p. 9.
30. *Ibid.*, p. 10.
31. Neil Gilbert, *A Mother's Work. How Feminism, the Market and Policy Shape Family Life*, Yale University Press, 2008.
32. No sentido dado por Max Weber. Essas categorias lógicas não são exaustivas e deixam de lado muitas exceções em cada categoria de casos contrários à margem.

três ou mais filhos), chamadas "tradicionais".[33] Elas encontram identidade e realização na educação dos filhos e na gestão da casa. Dentre elas, muitas têm experiência do universo do trabalho, mas optam por afastar-se dele – prontas a retomá-lo mais tarde – para serem, em casa, mães em tempo integral. Elas partilham até mesmo a convicção de que os cuidados da educação diária dos filhos é a atividade mais importante de suas vidas. Ao fazê-lo, elas conquistam um profundo sentimento de realização. Optar pela divisão tradicional das tarefas com o companheiro não significa uma volta ao modelo patriarcal. Muitas dessas mulheres se consideram "sócias" deles, no sentido pleno do termo. De resto, essa categoria de mulheres vem nitidamente diminuindo há trinta anos. Neil Gilbert observa que a proporção delas passou de 59%, em 1976, para 29%, em 2002.

Na outra extremidade desse contínuo, estão as que Gilbert qualifica de "pós-modernas". São mulheres sem filhos cujo número aumentou quase 20% durante o mesmo período. Elas têm um perfil altamente individualista e dedicam a vida à carreira. Geralmente dotadas de considerável bagagem universitária, essas mulheres encontram realização no sucesso profissional, quer se trate dos negócios, da política ou de profissões liberais. Segundo uma pesquisa inglesa feita em 2004, com quinhentas delas, 28% diziam-se independentes, contentes com a sorte, arrojadas e confiantes na capacidade de controlar os principais aspectos de suas vidas. "Tão felizes sozinhas, ou em companhia de amigos, quanto com um parceiro, essas mulheres têm ambições que não

---

33. *Ibid.*, p. 31-32.

combinam com os objetivos do casamento e da vida de família."[34] Menos da metade das mulheres interrogadas reconheceram que ter uma família e uma casa acolhedora poderia lhes trazer um verdadeiro sentimento de realização.

No centro do contínuo, figuram as "neotradicionais", mães de dois filhos, e as "modernas".[35] Essas mulheres querem ganhar a vida, mas não estão presas à carreira a ponto de renunciar à maternidade. Essas duas categorias, que constituem a maioria, são frequentemente vistas como representativas de todas as mulheres que se dividem entre trabalho e família. Porém, ao tentar equilibrar as exigências da família e as do trabalho, as "modernas" fazem a balança inclinar-se para o lado da carreira, enquanto as "neotradicionais" dão prioridade à vida familiar. Esses dois grupos se diferenciam apenas gradualmente das tradicionalistas e das pós-modernas. As mães de dois filhos trabalham o mais das vezes em tempo parcial e investem mais, física e psicologicamente, na vida do lar do que no trabalho. Desde 1976, as mães de dois filhos que passaram dos 40 anos aumentaram em 75%. Em 2002, elas representavam 35% das mulheres desse grupo etário. Em compensação, a mãe moderna que tem uma atividade profissional e um filho emprega mais tempo e energia no trabalho do que a neotradicional. A proporção delas subiu para 90% desde 1976 e compreende 17% de seu grupo etário.

---

34. *Ibid.*, p. 32-33.
35. *Ibid.*, p. 33-34. É preciso lembrar que há pouca ajuda doméstica e babás em domicílio, e que esses serviços são caros.

Essas duas classificações de especialistas[36] em ciências sociais se aplicam prioritariamente às inglesas e americanas. É certo que elas deveriam ser matizadas para ser eficazes nas diferentes regiões da Europa. De resto, elas têm a vantagem de esclarecer a diversidade, e mesmo a heterogeneidade, das escolhas maternas e dos estilos de vida femininos que hoje dizem respeito a todas nós. Porém, eles não são imutáveis. Eles evoluem em função da situação econômica e das políticas sociais e familiares. Igualmente importantes são as ideologias mutáveis da maternidade e as pressões exercidas sobre as mulheres para que se adaptem ao modelo em voga de boa mãe. Sabe-se que este mudou completamente na França no século XVII: de uma maternidade indolente e distante, passa-se a uma maternidade ativa e exclusiva que se impôs durante quase dois séculos. Se a ideologia feminista e a contracepção mudaram mais uma vez o jogo, ventos contrários ergueram-se na tentativa de impor às mulheres uma volta à boa mãe de antigamente. Mas, dessa vez, as consequências poderiam ser muito diferentes das esperadas.

---

36. Catherine Hakim é *senior research fellow* na London School of Economics, e Neil Gilbert é professor de *social welfare* e *social services* na Universidade de Berkeley.

Segunda parte

A ofensiva naturalista

O pós-guerra foi marcado por trinta anos de um culturalismo triunfante. Ele chegou mesmo a encontrar, em certos países da Europa, o reforço de uma ideologia marxista combativa. A época era de voluntarismo e de desejo de libertação dos determinismos naturais e sociais. Assim como Descartes em seu tempo, esperava-se que o homem se tornasse "senhor e dono da natureza", bem como de seu destino. Acreditava-se no progresso infinito das ciências e das técnicas, que deveria nos trazer liberdade e bem-estar, em lugar da felicidade, como no século XVIII. Em resumo, estávamos em uma época conquistadora durante a qual as mulheres aproveitaram para questionar sua situação, identidade e relações com os homens.

Como sempre acontece na história da humanidade, são as guerras e as grandes crises ideológicas que embaraçam os homens. Dessa vez, foi a crise do petróleo (1973) que anunciou a morte de nossos anos gloriosos. A crise econômica que se seguiu, em múltiplos saltos, foi propícia à ressurgência de uma ideologia esquecida: o naturalismo.[1] Se sua influência se propagou pouco

---

1. No original, *naturalisme*. "Doutrina que acentua principalmente os aspectos que, no homem, provêm da natureza e de suas leis." *Dictionnaire Le Robert*, tradução livre.

a pouco no conjunto das sociedades industriais, as mulheres figuram entre as primeiras interpeladas. E por motivo evidente: o desemprego e a precariedade atingem-nas de saída. As mais frágeis ficaram em casa; as outras – como os homens – começaram a alimentar decepção e rancor contra as empresas que podiam simplesmente dispensá-las, em função dos acasos do mercado. Uma nova geração de mulheres que tinham contas a ajustar com suas mães feministas foram as primeiras a escutar as sereias do naturalismo. Afinal, se o mundo do trabalho é decepcionante, se não lhe concede o justo lugar que você merece, nem a situação social nem a independência financeira que você espera, de que adianta transformá-lo em prioridade? A necessidade financeira se impõe, mas inúmeras mulheres começaram a pensar que a situação de mãe de família equivalia a outra qualquer, e que os cuidados e a educação dos filhos poderiam ser sua obra-prima. Diferentemente das mães sempre apressadas, que bem ou mal se tinham equilibrado entre as exigências profissionais e as familiares, as filhas foram sensíveis à nova palavra de ordem: primeiro os filhos!

Simultaneamente, ouviu-se cada vez mais falar das leis da natureza e da biologia, da "essência" e do "instinto" maternos, os quais impõem deveres cada vez mais sérios em relação à criança. Pediatras e numerosos "especialistas" da maternidade, denunciando os preceitos de seus antecessores – e por vezes os seus próprios, com alguns anos de distância[2] –, recuperaram os argu-

---

2. As guinadas da pediatria ao longo do século passado são bem conhecidas graças ao livro de Geneviève Delaisi de Parseval e Suzanne, *Lallemand, L'Arte d'accomoder les bébés* (1980), 1998.

mentos de um Plutarco ou de um Rousseau que souberam tão bem culpar aquelas que permaneceram surdas à voz da natureza.

É uma guerra subterrânea travada por naturalistas e culturalistas, e, mais ainda, por aqueles e aquelas que se dizem "advogados"[3] das crianças (para defendê-las contra a ignorância ou a negligência materna?) e aquelas que se negam a ver as liberdades femininas recuarem. Até o presente momento, ignora-se qual será o desfecho.

---

3. É assim que se apresenta o pediatra T. Berry Brazelton, em *Points forts. De la naissance à trois ans*, 1999, p. 32. [Ed. bras.: *3 a 6 anos: momentos decisivos no desenvolvimento infantil*. Trad. Cristina Monteiro. Porto Alegre: Artmed, 2003].

CAPÍTULO II

A santa aliança dos "reacionários"

Desde os anos 1970–1980, emergem três discursos de diferentes campos que criticam os impasses do modelo cultural dominante. A ecologia, as ciências do comportamento que se apoiam na etologia e um novo feminismo essencialista se unem para o bem-estar da humanidade. Vangloriando-se de trazer felicidade e sabedoria à mulher, à mãe, à família, à sociedade, até mesmo a toda a humanidade, eles pregam, cada um a seu modo, uma espécie de "volta à natureza". De tanto querer dominá-la sem ouvi-la, teríamos perdido o rumo e apressado nossa perda. Estaria na hora de reconhecer que estamos perdidos e fazer um *mea culpa*, coletiva e individualmente. O que pensávamos ser libertador e progressivo se revela também tão ilusório quanto perigoso. Alguns não hesitam em proclamar que a sabedoria se encontra em outra parte, para não dizer no passado...

Da política à maternidade ecológica

Ruptura política e moral

Originariamente, a ecologia é a "doutrina que visa uma melhor adaptação do homem ao meio".[1] Sob a aparente banalidade da

---
1. *Ibid.*

afirmação, esconde-se uma verdadeira reviravolta de valores. Não se trata mais de dominar e utilizar a natureza em função das necessidades e dos desejos do homem, mas de submeter este à lei daquela. Essa nova doutrina gerou rapidamente um discurso político, tanto no norte da Europa quanto nos Estados Unidos, onde floresceram os movimentos da contracultura nos anos 1970. Com diferentes abordagens, eles têm em comum vomitar o consumo desenfreado próprio do capitalismo triunfante. Após a exploração do homem pelo homem, a exploração intensiva da natureza torna-se o ângulo de ataque do sistema vilipendiado. Depois da prática imoral dessa "exploração", agora somos compelidos a "respeitá-la". Alguns pregam até mesmo uma aliança com ela sob a forma de um *Contrato natural*.[2] O apelo ao amor e ao respeito pela natureza circundante é duplicado por advertência catastrófica e vingadora: de tanto abusar, corremos o risco de pagar caro. Mais cedo ou mais tarde, a mãe natureza punirá severamente seus filhos.

Desde os anos 1980, intelectuais, artistas e numerosas associações lançam gritos de alerta. Lembram-nos nosso parentesco com os macacos em vias de extinção;[3] Le Clézio lamenta o paraíso perdido, e o filósofo Félix Guattari sugere "a *ecosofia*, síntese ético-política de uma nova ecologia, ao mesmo tempo ambiental, social e mental".[4] Todos nos pressionam para restabelecer a har-

---
2. Michel Serres, *Le Contrat naturel*, 1990. [Ed. port.: *O contrato natural*. Trad. Serafi Ferreira. Lisboa: Instituto Piaget, 1994].
3. Ver o filme *Le Peuple singe*, de Gérard Vienne, 1989.
4. Félix Guattari na revista *L'Événement du jeudi*, 8 a 14 de junho de 1989.

monia rompida entre o homem e a natureza. Imperceptivelmente, esta assumiu a condição de autoridade moral cuja sabedoria e simplicidade nós admiramos. Não é mais a natureza que oprime o homem, e sim ele que corre para o suicídio, violando-a. Portanto, é urgente pôr fim aos nossos comportamentos aberrantes de consumidores fruidores, egoístas e amorais. Com a industrialização, as ciências e as técnicas que estão ao seu serviço passam a ser as principais acusadas. Acusa-se o bem-estar falacioso que elas supostamente nos trazem, e os mais radicais só querem atentar para os efeitos perversos de nossos inevitáveis abusos.

Na linha de mira, a infeliz química, acusada de todos os males, já que encarna o "artificial", por definição, inimigo do "natural". Além de envenenar nosso alimento (o que há de mais ignóbil que um bombom ou um suco artificial?), ela é suspeita de modificar os genes e de ser responsável por todos os flagelos presentes e por vir. Esquecemos tudo o que lhe devemos – em especial o prolongamento da expectativa de vida – para suspeitá-la do pior. Circunstância agravante: entre todas as ciências, ela é uma das mais diretamente subordinadas ao produtivismo dos grupos industriais mundiais, logo, desprovida de qualquer moral. Sabemos muito bem que os laboratórios farmacêuticos, assim como os fabricantes de pesticidas ou de organismos geneticamente modificados (OGM), só pensam em dinheiro. Embora a afirmação beire a caricatura, é verdade que uma desconfiança geral tomou conta de nossas mentes a ponto de nos fazer sair do sério por qualquer coisa: o sacrossanto princípio da precaução.

O tratamento dado à pílula anticoncepcional desde a sua invenção ilustra as repetidas reticências em relação à "química".[5] Enquanto milhões de mulheres aderiram com entusiasmo a esse instrumento de controle da fertilidade, outras, inclusive as da nova geração, não manifestam senão desconfiança sobre uma produção artificial que bloqueia um processo natural. Entre 2003 e 2006, as vendas de pílulas caíram de 65 para 63 milhões: "medo de engordar e rejeição à química são as principais queixas" das mulheres de 30 anos. Umas alegam o risco de câncer; outras, um possível desregramento hormonal; outras, por fim, o medo da esterilidade. De acordo com uma pesquisa,[6] 22% das francesas pensam que a pílula pode provocar esterilidade. Duas jovens mulheres, Éliette Abécassis e Caroline Bongrand, tornam-se suas porta-vozes, quando afirmam: "Diferentemente do preservativo, a pílula é nociva."[7] Elas se baseiam no relatório do Centro Internacional de Pesquisa sobre o Câncer (CIRC), que estabelece relação entre a pílula e os cânceres de mama, do útero e do fígado, e que classifica a pílula anticoncepcional estroprogestativa na categoria 1 dos produtos cancerígenos. Essa afirmação, que não leva em conta os antecedentes, a história, o modo de vida de cada mulher, tampouco a duração da utilização da pílula, não faz outra coisa senão alimentar todos os preconceitos ecobiológicos. De passagem, lembremos que o mesmo CIRC, tendo declarado

---

5. Ver "Ces femmes anti-pilule", *Le Nouvel Observateur*, 3 a 9 de janeiro de 2008.
6. INPES-BVA, 2007, pesquisa citada por *Le Nouvel Observateur*.
7. Éliette Abécassis e Caroline Bongrand, *Le Corset invisible. Manifeste pour une nouvelle femme française*, 2007, p. 187.

o álcool altamente cancerígeno,[8] e tendo apelado para a interrupção de todo consumo – até mesmo de um copo de vinho –, foi secamente desmentido pelo Alto Conselho da Saúde Pública (HCSP) dois anos depois.[9]

Acrescentemos que há fortes suspeitas de que a poluição química[10] ameaça a fertilidade masculina e que, recentemente, uma revista feminina considerou legítimo perguntar: "Como se proteger no momento em que o meio ambiente atinge o homem na sua maior intimidade?" E ainda intitulou uma entrevista entre a ministra do Meio Ambiente e o professor Jouannet, especialista em biologia da reprodução, de "O homem, espécie ameaçada?", ainda que no lide da introdução a jornalista afirme querer desarmar qualquer visão apocalíptica, citando o professor Spira, diretor do Instituto de Pesquisa de Saúde Pública (IReSP): "Nem todos os homens se tornarão estéreis, e a espécie humana não vai desaparecer." Tarde demais! Fica a impressão de que o homem é

---

8. Além da incidência sobre o câncer de faringe, da cavidade bucal, do esôfago e do fígado, o CIRC anunciou em março de 2007 que o álcool poderia ser a causa do câncer colorretal e de mama.

9. *Le Figaro*, 28 de julho de 2009. O HCSP lembra sua recomendação de que o consumo de álcool em adultos não deve ultrapassar dois copos de vinho diários para as mulheres, e três para os homens. Conclui dizendo: "Até agora, não existe argumento convincente que justifique a modificação das recomendações atuais [...] em favor de uma total abstinência."

10. Colóquio "Environnement chimique et reproduction" (25 de novembro de 2008), em *Madame Figaro*, 16 de dezembro de 2008. De acordo com o professor P. Jouannet, o perigo viria de "alguns ftálicos, moléculas presentes em cosméticos, embalagens alimentícias ou plásticas", como sugere o estudo sobre os ratos. A revista *Elle* deu o mesmo grito de alerta em seu número de 1º de dezembro de 2008.

um aprendiz de feiticeiro para o qual a química é a arma suicida. Não é de espantar que esta seja cada vez mais demonizada, sendo associada à ideia de veneno, intoxicação e morte. Inútil explicar que uma mãe digna desse nome deverá proteger seus filhos contra ela!

A boa mãe ecológica

Na origem dessa tendência está a rejeição, por parte de algumas mulheres, das técnicas hospitalares vividas como desapossamento do corpo e, logo, da maternidade. Descontentes com a rigidez das regras do hospital, exasperadas com o autoritarismo do médico onipotente que as tratava como crianças e convencidas de que o nascimento é um fenômeno natural e não um problema médico, algumas começaram, desde os anos 1970, a parir em casa. Em casa não há médico, mas uma parteira e, atualmente, uma nova interventora: a doula.[11] Enquanto a primeira intervém durante o parto, a segunda acompanha a futura mãe durante toda a gravidez. Seu papel não tem nada de medicina, é essencialmente material e psicológico. As copresidentas da associação Doulas da França explicam que a doula acompanha os pais durante toda a gravidez, por ocasião do parto e depois do nascimento. Ela tece um clima de confiança e segurança com os pais, [...] ajuda-os tanto na pesquisa de informação quanto na tomada de decisões. Durante o parto,

---
11. A palavra, de origem grega, significa "escrava". Ela está a serviço da grávida e guia os primeiros passos das jovens mães. Ver Wikipédia.

ela se concentra em seu papel de apoio, ao mesmo tempo que ajuda: um conselho para encontrar a posição certa, palavras de encorajamento, uma mensagem durante o trabalho do parto.[12] Depois do nascimento do bebê, "ela prossegue em seu papel de acompanhante para aleitamento e cuidados cotidianos oferecidos ao recém-nascido". Sua formação? Essencialmente experiência pessoal de mãe, completada por conhecimentos de fisiologia da gravidez, sobre o nascimento, o recém-nascido, o aleitamento etc. Trata-se, antes de tudo, do "princípio da transmissão de mulher a mulher, da partilha da experiência e da interatividade no acompanhamento". Recente estudo americano não deixa de enaltecer essa nova profissão: partos mais fáceis; queda de 50% no índice de cesarianas; diminuição de 25% na duração do parto, de 60% no número de peridurais e de 30% do uso do fórceps.[13]

Nos Estados Unidos e no Canadá, onde a doula existe há 25 anos, 5% das mulheres grávidas recorreram a uma doula em 2002. Ignora-se a porcentagem das francesas seduzidas pela profissão da qual mal se começa a falar, mas, em compensação, sabe-se que entre 3% e 5% delas dão à luz em presença de uma

---

12. *Femme actuelle*, fevereiro de 2008. Tudo por uma remuneração que girava em torno de 500 euros em 2007.
13. Estudo publicado por Marshall H. Klaus, John H. Kennell, Phyllis H. Klaus, *The Doula Book: How a Trained Labor Companion Can Help You Have a Shorter, Easier, and Healthier Birth*, 2002, cap. 5. Outro estudo (2003), citado em *Femme actuelle*, fevereiro de 2008, felicita-se porque a presença da doula durante o parto "facilita os nascimentos espontâneos e reduz o pedido de analgésico".

parteira.[14] Na Holanda, 30% praticam o parto "natural". Como sabemos, este exclui a peridural e a cesariana, das quais alguns cirurgiões usam e abusam. Dois procedimentos acusados de roubarem das mães o nascimento do filho.

A anestesia peridural, que põe fim às dores extremas do parto,[15] surgiu no final dos anos 1970 e desde então não para de se difundir. Contudo, ela está longe de ser unanimidade entre as parturientes. Se para umas a peridural é a mais bela conquista da mulher, aquela que põe fim à maldição original do parto na dor, para outras ela é a expressão de uma "civilização industrial degenerada"[16] que vai contra o ideal universal do nascimento natural; por fim, para outras, a peridural priva a mulher de uma experiência insubstituível. São muitos os testemunhos das que querem viver essa iniciação feminina decisiva até o fim, como fizeram as gerações precedentes, e como ainda fazem mulheres de outras culturas consideradas mais próximas da natureza. Uma delas, que se abriu com a revista *Marie Claire*, exprime bastante bem um sentimento dividido:

> Tive um primeiro parto terrível: 16 horas de trabalho, sete horas de dores violentíssimas e duas horas para expulsar um bebê de 4,5 kg. Essas duas horas de expulsão foram um verdadeiro

---

14. *Le Figaro*, 8 de outubro de 2008. O artigo esclarece que, de acordo com a associação Accouchement Assisté à Domicile (AAD), haveria 25% de mulheres que desejam parir em casa, mas a escassez de parteiras liberais, que são apenas umas sessenta na França, impede-as de fazê-lo.
15. Em uma escala de 1 a 10, considera-se que as dores do parto se situam em 10.
16. Elsbeth Kneuper, *Die Natürliche Geburt. Eine Globale Errungenschaft?*, Hamburgo, 2003, p. 107-128.

pesadelo. Um oceano de dor quando mais nada conta, quando não se pensa mais nem mesmo no bebê. Porém, quando em um formidável deslizamento meu bebê brotou de meu ventre, quando o colocaram sobre mim, quando eu vi sua carinha espantada, foi um momento formidável. Um instante de felicidade total. Teria eu vivido isso com a metade de meu ventre morto? [...] Agora estarei pronta para viver o pesadelo, para reviver também o nascimento. As horas de dor se afogaram na onda do passado, enquanto o instante do nascimento permanece tão vivo que as lágrimas me vêm aos olhos quando me lembro. Para o meu segundo filho, deram-me uma injeção de Dolosal. [...] Tive um trabalho muito fácil, dormia entre duas contrações, mas, quando meu bebê nasceu, eu estava chapada e nem ligava; roubaram-me esse nascimento. As mulheres que parem sob peridural falam de "serenidade". Teremos bastante tempo de ser serenas quando ficarmos velhas. [...] Tem-se o direito de assepsiar os nascimentos? De diminuir a alegria, suprimindo a dor? É honesto propor às mulheres parir sem sofrer, mas sem lhes falar da contrapartida que elas não podem conhecer?[17]

Algumas vencem uma etapa suplementar, elogiando abertamente a dor. Seria errado "considerá-la de modo exclusivamente negativo; em certas culturas, ela serve de iniciação. É um verda-

---

17. *Marie Claire*, fevereiro de 1987. Diante desse testemunho anônimo, um ginecologista obstetra convidado pela revista observou que uma injeção de Dolosal à base de morfina não tem nada a ver com peridural, pois ela altera a consciência e impede uma real participação da mãe.

deiro ritual de vida".[18] A jornalista Pascale Pontoreau ilustra essa afirmação contando o seguinte caso: no momento em que ela mesma paria o segundo filho, ouviu uma vizinha de quarto urrar "como se a degolassem". Pascale perguntou se havia complicações. "Não! Ela manifestava o sofrimento de modo diferente..." A jornalista conclui com esta reflexão consoladora: "Para mulheres habituadas a se controlar, o grito do parto é frequentemente o primeiro que elas soltam desde que 'cresceram'. Grito que permite descarregar um monte de anos e de experiências reprimidas. E se a peridural possibilitasse refrear esses gritos?"[19]

Haveria então a dor boa e a dor má. A primeira é natural; a segunda, imposta pelo poder médico. Nos anos 1970, novos adeptos de um "nascimento sem violência"[20] denunciam as violências institucionais dos hospitais: brutalidades, humilhações das parturientes, abuso de cesarianas, perineotomias, partos provocados para o simples conforto do obstetra. Criam-se outros lugares onde parir de modo diferente, dirigidos por obstetras contrários ao hospital tradicional:

> Michel Odent no hospital de Pithiviers, Pierre Boutin na maternidade des Lilas, Pierre Bertrand no hospital de Saint-Cloud. Em Pithiviers, quer-se recuperar o "homem ecológico", o primi-

---

18. Pascale Pontoreau, *Des enfants, en avoir ou pas, op. cit.*, p. 53.
19. *Ibid.*
20. Dr. Frédéric Leboyer, *Pour une naissance sans violence*, 1974. [Ed. bras.: *Nascer sorrindo*. São Paulo: Brasiliense, 1996].

tivo, o arcaico; a mulher é chamada a parir nua e de cócoras em uma "sala selvagem" depois de passar por uma piscina. Na Lilas, recorre-se a uma "vegetoterapia" para possibilitar uma "regressão" e "romper a couraça" que paralisa o corpo da mulher. Em Saint-Cloud, reina o "sofro-relaxamento". Essas ideologias militantes reagem ao mesmo tempo contra os rigores pasteurianos e contra a recente invasão das técnicas (o *monitoring* entre outras), invasão que é acompanhada da diminuição da presença física das parteiras junto às parturientes. Alguns médicos denunciam também a arrogância de um "pensamento cientificista" que eles comparam ao pensamento mágico. Eles querem reatar com a natureza.[21]

Mesmo que a moda tenha durado pouco,[22] a paixão ecológica ainda não tinha pronunciado sua última palavra. Ao contrário. Hoje, ela está na linha de frente, agora plenamente de acordo com o corpo médico, para promover a volta ao aleitamento materno.

---

21. Yvonne Knibiehler, *La Révolution maternelle depuis 1945*, 1997, p. 194.
22. Contudo, ainda recentemente, quando um filme intitulado *Le premier cri*, transbordante de esteticismo, quer mostrar a beleza dos nascimentos pelo mundo, das tribos massai à cidade de Ho Chi Minh, do México à Sibéria e ao deserto do Níger (assistimos às dores insuportáveis de uma mãe tuaregue que dá à luz uma criança natimorta), a revista *Elle* (29 de outubro de 2007) foi uma das raras publicações a reagir. Atormentada com o testemunho de uma militante quebequense que, naturalmente, quer parir em sua comunidade de ecologistas altermundialistas, recusando toda ajuda médica, mesmo que sua vida esteja em perigo, a jornalista lembrou que uma mulher morre a cada minuto no mundo dando à luz e que, a cada dia, mais de 10 mil recém-nascidos morrem em consequência de complicações durante o parto nos países em vias de desenvolvimento.

Amamentar sob demanda, amamentar até a saciedade é o novo objetivo, do qual se deve convencer os outros a qualquer preço.[23] O alvo: as mamadeiras, tanto o recipiente quanto o seu conteúdo. Há vários decênios, assistimos à crítica sem nuances dos leites substitutos, industrializados e artificiais. Não importa que eles sejam cada vez mais diversificados e próximos do leite materno, ou que a utilidade deles não seja a mesma nos países em que falta água e nos países desenvolvidos, sua condenação se torna cada vez mais virulenta. Acrescenta-se a isso a recente descoberta de uma substância química, o bisfenol A (BPA), presente em 90% das mamadeiras (em policarbonato) e suspeita de perturbar o sistema hormonal, de provocar algumas formas de câncer (do seio e da próstata) ou mesmo de aumentar os riscos de diabetes e de doenças cardiovasculares,[24] compreende-se que uma mãe digna desse nome as jogue no lixo. As militantes do aleitamento materno tiram proveito disso.

Finalmente, desde que se descobriu a devastação do meio ambiente causada pelas fraldas descartáveis, uma nova e exultante tarefa espera a mãe ecológica. Calcula-se que um bebê entre 0 e 30 meses produza, por si só, uma tonelada de dejetos, que levariam de dois a cinco séculos para se degradar. Além disso, milhões de toneladas de fraldas descartáveis consumidas a cada

---

23. Ver o próximo capítulo.
24. *Le Nouvel Observateur*, 25 de setembro a 1º de outubro de 2008, e *Paris-Match*, 28 de maio a 3 de junho de 2009. Embora a European Food Security Agency tenha reafirmado que, diante das quantidades de BPA autorizadas, as mamadeiras não apresentavam qualquer risco, a cidade de Paris baniu-as das creches municipais.

ano na França seriam responsáveis pela destruição de 5,6 milhões de árvores no mundo. Vale dizer, um massacre ecológico. Último argumento para convencer as mães a mudar de hábito: testes do Greenpeace revelaram que os géis absorventes presentes em alguns modelos de fralda comportavam traços de componentes tóxicos tal como a dioxina. Logo, recomenda-se às mães utilizar fraldas laváveis, mais econômicas e mais ecológicas, que apresentam a vantagem de deixar o bebê rapidamente mais limpo (pois eles sentem mais o desconforto de estar molhados).[25] Contra as recalcitrantes, a secretária de Estado da Ecologia (ela própria, na época, jovem mãe de um filho) sugeriu uma nova taxa para as fraldas descartáveis,[26] proposta que, felizmente, não foi levada adiante. Pelo menos por enquanto. Mas o que não se diz é que a obsessão pelo biodegradável e pelo reciclável pode acabar vencendo nossas dúvidas. Por ocasião de uma feira de bebês de Londres, soubemos que 20% dos bebês ingleses já usavam regular ou eventualmente fraldas laváveis![27]

Quando as ciências redescobrem o instinto materno

Quando se pensava que o velho conceito de instinto materno tinha sido resolvido, algumas pessoas voltaram à carga a pretexto de estudos científicos. Os anos 1970 viram a pediatria americana

---

25. *Le Monde*, 7 de novembro de 2007, e *Le Figaro*, 21 de abril de 2008.
26. Entrevista de Nathalie Kosciusko-Morizet para *Europe 1* e *i-Télé* nos dias 14 e 15 de setembro de 2008. Além do anúncio da taxa, ela dizia achar "formidável" ter trabalho com as fraldas laváveis!
27. *Le Monde*, 7 de novembro de 2007.

assumir a vanguarda desse movimento que ainda hoje continua conquistando adeptos na Europa. Eles se apoiaram principalmente na etologia (ciência dos comportamentos das espécies animais) para lembrar às mulheres que elas eram mamíferas como outras, dotadas dos mesmos hormônios da maternagem: a oxitocina e a prolactina. Consequentemente, salvo aberrações culturais, elas devem estabelecer com o bebê um laço automático e imediato pela ação de um processo neurobiológico-químico. Se isso não acontece, devemos culpar o meio ou nos preocupar com desvios psicopatológicos. Eles receberam o apoio de antropólogos, psicopediatras e de grande parte da mídia americana que divulgou essa teoria. A última foi bem menos eficaz em divulgar o questionamento científico dessa teoria conformista que servia a muita gente.

O instinto materno voltava à moda. Aliás, desde 1981, o psicanalista infantil Bruno Bettelheim manifestou-me seu descontentamento em relação à tese que eu defendia em *Um amor conquistado*. Solicitado por meu editor para escrever um prefácio para a edição americana, ele respondeu nestes termos:

> Durante toda a minha vida trabalhei com crianças cuja vida tinha sido destruída porque eram odiadas pela mãe. [...] A demonstração de que não há instinto materno – certamente não há, do contrário não seriam tantos a precisar de meus serviços – e de que existem tantas mães que rejeitam os filhos servirá apenas para liberá-las do sentimento de culpa, o único freio que

permite salvar algumas crianças da destruição, do suicídio, da anorexia etc. Não quero emprestar meu nome à supressão do último baluarte que oferece a muitas crianças infelizes uma proteção contra a destruição.[28]

A teoria do vínculo (bond)

Dez anos depois da teoria do vínculo (da criança à mãe), de John Bowlby, dois pediatras americanos apresentavam uma teoria do laço entre a mãe e a criança. Haveria necessidade biológica de ela ser posta em contato físico com seu bebê imediatamente após seu nascimento para que relações satisfatórias se estabelecessem entre ambos. "A saga do *bonding*"[29] começa em 1972, com a publicação de um artigo de John Kennell e Marshall Klaus (também inspiradores da doula) no *New England Journal of Medicine*. Convencidos de que a mulher partilha com outras espécies um comportamento instintivo, eles se inspiram nestas para aplicá-lo às novas mães:

> Entre algumas fêmeas, como a cabra, a vaca e a ovelha, a separação da mãe de seu filhote imediatamente após o nascimento, mesmo que por um curto período de quatro horas, pode ter

---

28. Carta de 7 de julho de 1981 dirigida à editora Macmillan, que publicou *L'Amour en plus* (1980), sob o título *Mother Love, Myth and Reality*, em 1981. Essa carta não diminuiu minha admiração pela obra imensa de Bruno Bettelheim em benefício das crianças autistas, embora eu ainda acredite nas virtudes da verdade. Ela foi parcialmente publicada por Nina Sutton em 1995 em sua biografia *Bruno Bettelheim. Une vie*, p. 425-426.
29. Diane E. Eyer, *Mother-infant bonding: a scientific fiction*, 1992, p. 2.

consequências aberrantes para o comportamento materno: a recusa de cuidar deles e alimentá-los. Em compensação, se ficam juntos nos quatro primeiros dias, e depois separados no quinto por um período equivalente, a mãe recupera todos os seus instintos protetores e maternais quando eles são novamente aproximados.[30]

Usando como argumento suas experiências com jovens parturientes, os autores afirmam que, depois do parto, elas têm 16 horas para estabelecer um contato "pele a pele" com o recém-nascido. Assim, a relação mãe-filho e o posterior desenvolvimento da criança seriam melhores. Esses efeitos espetaculares deveriam, supostamente, ser a consequência de um "período sensível" na mulher que acaba de parir, durante o qual ela está hormonalmente determinada a aceitar ou rejeitar o filho.

A noção de "período sensível" para a vinculação materna foi rapidamente institucionalizada. Os dois pediatras percorreram os hospitais americanos, organizaram oficinas com profissionais e publicaram, em 1976, um livro que marcou as mentes: *Maternal-infant bonding*. "A noção de laço sensibilizou grupos tão diferentes quanto os das organizações religiosas fundamentalistas, feministas e defensores do nascimento natural. A ideia foi popularizada pela mídia, e os hospitais puseram à disposição

---

30. M. Klaus, P. Jerauld, N. Kreger, W. McAlpine, M. Steffa e J. Kennell, "Maternal Attachment: Importance of the First Postpartum Days", *New England Journal of Medicine*, vol. 266, n. 9, março de 1972, p. 460-463.

das parturientes cômodos especiais com esse fim."[31] Diante do desespero e da culpa dos pais que não tiveram essa experiência, os pediatras publicaram um novo livro[32] em 1982, visando reconfortá-los. "Apesar da falta desse primeiro contato [...], quase todos os pais se apegam a seus bebês." Para agradar pai e mãe, sem abandonar sua teoria do "período sensível", eles afirmam dessa vez: "Existem provas evidentes de que trinta ou sessenta minutos de estreitos contatos com o bebê que acaba de nascer deveriam ser estabelecidos por todos os *pais* [instinto materno ou parental?] para reforçar a experiência do vínculo."[33]

Essa teoria suscitou um número considerável de trabalhos nos Estados Unidos e no Canadá, bem como na Europa, durante um decênio. Alguns deduziram que o fracasso do *bonding* no nascimento era a causa dos maus-tratos ou dos problemas comportamentais da criança. A noção de *bonding* evoluiu e se estendeu. Dos laços que se seguem às horas do nascimento, chegou-se aos que deveriam unir a mãe ao filho durante todo o seu primeiro ano de vida.

T. Berry Brazelton, o mais célebre pediatra da época, pertencia a esse grupo e defendia a ideia de que a mãe ficasse em casa junto do filho durante esse período. Em um programa de televisão em 1988, ele explicou que esse primeiro ano fazia toda a dife-

---
31. Diane E. Eyer, *op. cit.*, p. 3. Ela sublinha igualmente que os assistentes sociais encarregados da prevenção do abuso das crianças acolheram com entusiasmo essa teoria.
32. *Parent-Infant Bonding*.
33. Diane E. Eyer, *op. cit.*, p. 3. Grifo nosso.

rença: "Se as crianças não têm isso, elas se tornarão insuportáveis na escola e jamais vencerão; elas deixarão a todos furiosos; mais tarde se tornarão delinquentes e, eventualmente, terroristas."[34]

Imagina-se o pânico e a culpa que invadiram todas as mães obrigadas a voltar ao trabalho depois do parto![35]

O *bonding*, "concebido como um processo de tudo ou nada, que surgia em um período sensível",[36] provocou uma avalanche de críticas. Desde o início dos anos 1980, pesquisadores da psicologia do desenvolvimento reexaminaram as experiências de Kennell e Klaus e chegaram a uma conclusão muito diferente. Entre eles, o seríssimo Michael Lamb, que afirmava "que se encontravam poucas provas dos efeitos a curto prazo do *bonding*, e nenhuma dos efeitos a longo prazo".[37] Ele apontou os diferentes erros metodológicos dos dois pediatras e concluiu que o "pele a pele" não tinha influência evidente no comportamento materno. Outros estudos demonstraram a inconsistência da teoria do vín-

---

34. Essas afirmações, feitas no programa do jornalista Bill Moyers, *The World of Ideas*, são citadas por D. E. Eyer, *op. cit.*, p. 4.
35. Alguns anos depois, T. Berry Brazelton deixou de ser tão exigente. Ver *Touchpoints*, 1992; em francês, *Points forts. De la naissance à trois ans*, 1999, p. 67-68, onde se lê: "Alguns tomaram as implicações da pesquisa sobre o *bonding* muito ao pé da letra. [...] O apego ao bebê é sobretudo uma evolução a longo prazo, e não apenas um momento curto e mágico." Do mesmo modo, ele admite agora que uma jovem mãe possa voltar ao trabalho quatro meses depois do nascimento: "Aparentemente, os pais precisam do bebê mais do que o bebê precisa deles", p. 121-123.
36. Jacques Dayan, Gwenaëlle Andro, Michel Dugnat, *Psychopathologie et périnatalité*, 2003, p. 13.
37. Os diferentes artigos de M. Lamb no *Journal of Pediatrics* são citados por D. E. Eyer, *op. cit.*, p. 4.

culo, de John Bowlby, que eles opunham à do apego da criança à mãe. Contrariamente à cabra ou à vaca, a mãe humana não tem comportamento automático. Os hormônios não bastam para fazer uma boa mãe!

Contudo, obstinadamente, os defensores do naturalismo, notadamente os que se vangloriam de ser "amigos dos bebês"[38] (como se todos os outros fossem inimigos dos bebês!) continuam a preconizar o "pele a pele" no instante que sucede ao nascimento, para despertar o instinto materno. Tornou-se mesmo uma das condições estabelecidas pela Organização Mundial da Saúde (OMS) para merecer o título de "Hospital Amigo dos Bebês"! Na França, os adeptos da Leche League militam em favor desse objetivo. Edwige Antier, pediatra popular que ofereceu seus conselhos durante vários anos nas ondas da France Inter, jamais perdeu uma oportunidade de repeti-lo. Seus numerosos livros destinados ao grande público repetem incansavelmente que o "pele a pele" é um desses "momentos cruciais" que não se pode perder. Em suas palavras:

> Deixemos a mãe envolver o filho no nicho de seus braços. Preparada no nascimento pelo corpo e pelo psiquismo, ela se encontra particularmente receptiva aos sinais emitidos pelo filho. [...] O bebê envia à mãe sinais que somente ela recebe. O dramático é que essa compreensão instintiva, reconhecida desde os tem-

---

38. O "Hospital Amigo dos Bebês" é título de qualidade oferecido pela OMS e pelo UNICEF em 1992 para todos os que encorajam o aleitamento materno. Ver p. 100 a seguir.

pos mais remotos na maioria das culturas, foi negada na nossa. Essa corrente de pensamento que empresta à mãe uma loucura [?] contra a qual é preciso lutar acarreta, desde a permanência na maternidade, atitudes destrutivas do instinto materno. [...] A interação da mãe com o recém-nascido nos deslumbra, e nós, pediatras de maternidade, observamos o quanto é importante não separar a criança de sua mãe se se quiser que esta continue a perceber as mensagens subliminares que o bebê lhe envia.[39]

"O instinto materno existe, eu o encontro todos os dias", afirma Edwige Antier, que acrescenta, para reforçar sua experiência: "Os mais recentes trabalhos dos biólogos e dos especialistas em neurociências provam a existência do instinto materno." Tudo isso sem a menor referência, nota explicativa ou demonstração. Ou seja, o argumento de autoridade em todo o seu esplendor! Ela se contenta em nos lembrar os lugares-comuns habituais: "Desde a mais tenra infância, a mulher se percebe como que destinada à maternidade. [...] Assim é que a menina se prepara [para isso] desde sua mais tenra infância."[40] Espanta que a pediatra, que gosta de dar como modelo a "mamãe gata" e de nos lembrar nossa condição de mamífero, não tenha pensado em se referir ao livro de Sarah Blaffer Hrdy, qualificado de magistral

---

39. *Éloge des mères*, 2001, p. 68-69, grifo nosso. Vale a pena citar o subtítulo dessa obra: "Confiar no instinto materno para propiciar o desabrochar de nossos filhos". [Ed. port.: *Elogio das mães*. Trad. Margarida M. O. Gonçalves. Gráfica Coimbra, 2004].
40. *Ibid.*, p. 54-55.

por toda a crítica americana, *Mother Nature* (1999).[41] Ele foi publicado na França três meses depois sob o eloquente título de *Les instincts maternels*.

A primatologia e a antropologia em socorro do instinto

Primatóloga, antropóloga e sociobióloga que quer romper com a corrente reacionária dessa disciplina, Sarah Blaffer Hrdy está longe de ser insensível à problemática feminista, razão pela qual seu livro recebeu uma acolhida calorosa. Inteligentemente, ela faz muitas perguntas e oferece respostas matizadas. Ela não é a primeira antropóloga a defender a importância dos instintos. Trinta anos antes dela, Margaret Mead, cujas teses culturalistas conhecemos, escrevia um artigo que apontava para o mesmo sentido. Nele, declarava:

> Os sinais que os pais enviam aos filhos e os que os filhos enviam aos pais são construídos com base em respostas inatas. [...] O gestual infantil – inicialmente esboçado e, depois, mais firme – é o meio biologicamente determinado pelo qual o novo humano pede atenção. [...] A resposta do adulto se compõe de um elemento inato e biológico, e de tudo o que um homem ou uma mulher adulta aprendeu sobre a impotência, as necessidades e as demandas das crianças.[42]

---

41. Ed. bras.: *Mãe natureza: uma visão feminina da evolução: maternidade, filhos e seleção natural*. Trad. Álvaro Cabral. Rio de Janeiro: Campus, 2001.
42. *Redbook*, dezembro de 1970.

A reflexão de Sarah B. Hrdy fundamenta-se na comparação dos comportamentos maternos dos roedores, dos primatas e das mulheres: quase automáticos para as primeiras, e cada vez mais flexíveis para as outras duas. Tudo depende dos hormônios da maternagem e de sua receptividade no cérebro. Dos roedores aos primatas, a ocitocina impele a sentimentos de afiliação; os segundos, porém, dotados de um neocórtex, mostram reações menos estereotipadas. Em numerosas culturas, os antropólogos observaram uma reação materna reservada, "período de indiferença enquanto a mulher se recupera do esgotamento do parto", confirmada por um estudo sobre as mulheres primíparas britânicas: "40% declaravam que, no início, não sentiam nenhuma afeição pelo bebê".[43] Para Sarah B. Hrdy, isso não põe novamente em questão o conceito de instinto, pois os fortes sentimentos de apego ao bebê são apenas protelados para os dias e semanas seguintes. Embora não se encontre, na mulher, modelo de comportamento universal comparável aos outros mamíferos, embora existam mães desnaturadas, infanticidas ou indiferentes e, finalmente, embora Sarah B. Hrdy reconheça a influência do contexto histórico, social e econômico sobre o sentimento materno e forte variação nas respostas da mãe, nada disso, a seu ver, invalida a noção de instinto. O amor materno tem uma base biológica incontornável: a prolactina, o hormônio do aleitamento.

---

43. Sarah Blaffer Hrdy, *Les instincts maternels*, op. cit., p. 96-97. O estudo inglês "Delayed Onset of Maternal Affection after Childbirth", dos doutores Robson e Kumpar, foi publicado no *British Journal of Psychiatry*, n. 136, 1980, p. 347-353.

É o aleitamento e a proximidade que ele implica que forjam laços poderosos entre a mãe e seu filho.

Adepta de Bowlby,[44] Sarah B. Hrdy torna-se, em conclusão, a apologista de um ponto de vista finalista perturbador:

> Os bebês são concebidos para se assegurarem de que o cuidado materno é permanente, [...] para serem conhecedores de maternagem. Cada caráter, cada nuance de um caráter que acentuava a probabilidade de ser maternado, foi selecionado. [...] A robustez, a gordura e a beleza [...] são sinais dirigidos à mãe. [...] Estar vinculado à mãe inicia e mantém a lactação com a sucessão de consequências psicológicas que recai sobre a mãe, inundando seu corpo de um sentimento de bem-estar. [...] Enquanto os lábios apertados se fecham fortemente no seio e sugam [...] quem, na verdade, é agarrado? Em alguns minutos, os níveis maternos de cortisol se elevam; a ocitocina corre ao longo de suas veias. Como se ela recebesse uma mensagem, a pressão arterial da mãe abaixa, a ocitocina difunde nela uma calma venturosa. [...] Iniciado o aleitamento, o termo escravidão descreve perfeitamente o encadeamento da sequência dos acontecimentos. A mãe está endocrinológica, social e neurologicamente transformada. [...] A partir do momento em que suas glândulas mamárias começam a produzir, custará para que ela se afaste emocional e fisiologicamente o bastante para cortar o vínculo.

---

44. Mas não da teoria do *bonding*, que ela compara a uma "ligação velcro" e à versão moderna do procedimento etológico da marca. Ela recusa a generalização para as mulheres dos estudos sobre as ovelhas e cabras.

> [...] A maternidade é inextricavelmente ligada às sensações sexuais, e é tarefa da criança, por seus resmungos e gorjeios, seu toque e odor, obter o máximo do sistema de recompensa da *mãe natureza*,[45] que condiciona uma mulher a fazer de seu filho a primeira prioridade.[46]

Esse hino à boa natureza deixa em suspenso várias questões. Se o aleitamento é o fator desencadeador do apego materno, o que acontece com aquelas que amamentam na maternidade e param assim que saem de lá, ou algumas semanas depois? Esse é o caso mais frequente hoje em dia em numerosos países ocidentais. Se o aleitamento é essa plenitude induzida pela biologia, por que tantas mães não desejam dar prosseguimento à experiência, pelo menos até o fim da licença-maternidade? Em *Un heureux événement*, a jovem parturiente explica que para amamentar é preciso "reaprender a ser um animal". Ora, diz ela, há dois tipos de mulheres:

> Aquelas que não reclamam de investir muito na maternidade e as que se negam a isso; as que aceitam ser um mamífero e as que não podem imaginá-lo. Há as que adoram ser um animal, [...] as militantes do aleitamento, as fanáticas da maternidade, e as que estão enojadas dela, [...] as que o fazem por dever ou por compaixão.[47]

---
45. Grifo nosso. Sarah B. Hrdy utiliza essa expressão muitas vezes.
46. *Op. cit.*, p. 605-608.
47. Éliette Abécassis, *op. cit.*, p. 71 e 79.

A heroína coloca-se do lado das "amamentadoras". Ela sente todos os prazeres e felicidades prometidas por Sarah B. Hrdy, a ponto de não ter mais necessidade de fazer amor...

A literatura e múltiplos testemunhos corroboram essa descrição da maternidade, notadamente em todas as épocas que pressionam a mulher a amamentar. Trinta anos atrás, a heroína de Éliette Abécassis talvez nem tivesse podido ter essa ideia. Ela teria sido menos mãe por isso, ou, então, excelente mãe? Na verdade, não existem dois modos de viver a maternidade, mas uma infinidade, o que impede de falar de um instinto baseado no determinismo biológico. Este depende estritamente da história pessoal e cultural de cada mulher. Embora ninguém negue a imbricação entre natureza e cultura, nem a existência dos hormônios da maternagem, a impossibilidade de definir um comportamento materno próprio à espécie humana enfraquece a noção de instinto e, com ela, a de "natureza" feminina. O meio, as pressões sociais, o itinerário psicológico parecem sempre pesar mais do que a frágil voz de "nossa mãe natureza". Podemos lamentar ou nos felicitar, mas a mãe humana não tem senão um vínculo muito distante com sua prima primata.

A reviravolta do feminismo

Em menos de um decênio (fim dos anos 1970, início dos anos 1980), a teoria feminista operou uma guinada. Dando as costas à abordagem culturalista de Simone de Beauvoir, que preconizava igualdade política e de coeducação em virtude de suas semelhanças (o que os une é mais importante do que aquilo que os distingue), uma segunda onda do feminismo descobre que a feminilidade é não apenas uma essência, mas também uma virtude da qual a maternidade é o cerne. A igualdade – dizem as feministas – será sempre um engodo enquanto não se tiver reconhecido essa diferença essencial que comanda todo o resto. Diferentemente de Beauvoir, que via aí apenas um epifenômeno na vida das mulheres, fonte de sua opressão milenar, uma nova geração de feministas considera a maternidade a experiência crucial da feminilidade a partir da qual se pode construir um mundo mais humano e mais justo. Para isso, é preciso realizar um retorno à mãe natureza, ignorada por tempo demais: insistir nas diferenças psicológicas que geram as dos comportamentos, recuperar o orgulho de nosso papel de nutriz do qual dependem o bem-estar e o destino da humanidade. Em muitos pontos, esse feminismo diferencial e naturalista se associa aos dois discursos precedentes.

Do biologismo ao maternalismo

No início dos anos 1960, uma jovem universitária, professora de sociologia e mãe de três filhos, Alice Rossi, lança uma pedrinha no lago.[48] Enquanto a ideologia da boa mãe confina a mulher à casa, ela tem a audácia de sublinhar o absurdo que existe em

---

48. "Pedrinha", se compararmos à bomba lançada por Betty Friedan, cujo livro *The Feminine Mystique*, 1963 – *La Femme mystifiée*, 1964 – teve milhões de exemplares vendidos em todo o mundo. [Ed. bras.: *Mística feminina*. Rio de Janeiro: Rosa dos Tempos, 2020].

fazer da maternidade uma profissão em tempo integral. Aproximadamente 15 anos mais tarde, ela publica um artigo que novamente será referência, mas em sentido inverso: "A Biosocial Perspective on Parenting".[49] Agora Alice Rossi defende a ideia de que as mulheres foram longe demais na rejeição de seu papel nutriz. Convencida da teoria do *bonding*, e adotando uma perspectiva sociobiológica, ela afirma que a biologia determina a divisão do trabalho entre os sexos. Necessário à nossa sobrevivência desde o tempo dos caçadores e coletores, o instinto materno (que ela chama pudicamente de "unlearned responses") está inscrito em nossos genes, e ainda hoje somos "geneticamente providos dessa antiga herança primata mamífera". Razão pela qual o investimento materno em relação à criança é infinitamente superior ao do pai. Esse investimento maior da mãe em relação à criança desde o seu nascimento se perpetua nos estágios seguintes de seu desenvolvimento e justifica a conjuntura atual.

Assim é que Alice Rossi foi uma das primeiras a abrir uma brecha no feminismo igualitário,[50] exatamente na posição de uma das fundadoras do poderoso movimento NOW.[51] Seu artigo, que recolocava o biológico, logo, a maternidade, no cerne da problemática feminina, chegava bem a propósito. As conquistas

---

49. Em *Daedalus*, n. 106 (2), primavera de 1977, p. 1-31.
50. Seu artigo foi severamente criticado no ano seguinte por um livro de Nancy Chodorow, que chamou muito a atenção: *The Reproduction of Mothering*, 1978, p. 18-20. [Ed. bras.: *Psicanálise da maternidade: uma crítica a Freud a partir da mulher*. Trad. Nathanael C. Caixeiro. Rio de Janeiro: Rosa dos Tempos, 2002].
51. National Organization for Women, criada em 1966 para consolidar os direitos da mulher.

femininas marcavam passo e censuravam as mulheres até mesmo por não terem resolvido o problema essencial da desigualdade dos sexos. Algumas concluíram que tinham errado o caminho. Se a igualdade é apenas um engodo, elas disseram, é porque as diferenças não são nem reconhecidas, nem consideradas. Para se tornarem iguais aos homens, as mulheres renegaram a essência feminina e conseguiram ser apenas os pálidos decalques de seus mestres. É preciso, ao contrário, reivindicar nossa diferença identitária e fazer dela uma arma política e moral. Um novo feminismo, que expunha cada um dos aspectos da experiência biológica feminina, tinha nascido. Ele exaltava as regras, a gravidez e o parto. A vulva tornou-se a metonímia da mulher.[52] Assistiu-se, naturalmente, a uma volta com toda a força da celebração do sublime maternal. Nisso consistia o verdadeiro destino das mulheres, a condição de sua felicidade, de seu poder e da promessa da regeneração do mundo tão maltratado pelos homens. Dos dois lados do Atlântico, muitas se entusiasmaram com esse novo essencialismo que celebrava o primado da natureza e as qualidades femininas decorrentes da experiência maternal. Esse maternalismo, na origem de uma nova moral, serviu de base para outra concepção do poder e da cidadania. Ela apresentava, além disso, a vantagem de ultrapassar a problemática do instinto que suscita sempre ferozes oposições.

---

52. Maryse Guerlais, "Vers une nouvelle idéologie du droit statutaire: le temps de la différence de Luce Irigaray", *Nouvelles Questions Féministes*, n. 16-18, 1991, p. 71.

A filosofia do care ou a moral das mulheres

Em 1871, Charles Darwin, de quem não se pode suspeitar de feminismo, dizia: "A mulher parece diferir do homem por sua maior ternura e seu menor egoísmo. A mulher, em razão do instinto materno, dá testemunho em alto grau dessas qualidades para com seus filhos; logo, é provável que ela com frequência o estenda a outras criaturas."[53] Um século depois, a filosofia feminista do *care* desenvolve, em termos mais sofisticados, a ideia darwinista. Salvo que o que era apenas probabilidade para o cientista do século XIX se tornou verdade indiscutível.

É Carol Gilligan quem lança os fundamentos dessa nova moral que terá grande repercussão a partir da publicação de seu livro *In a Different Voice*,[54] em 1982. O *care*, frequentemente traduzido como "solicitude", e que é preciso compreender como "a preocupação fundamental do bem-estar de outrem", seria a consequência da experiência crucial da maternidade. Espontaneamente sensíveis às necessidades do pequenino, as mulheres teriam desenvolvido uma atenção particular à dependência e à vulnerabilidade dos seres humanos. Com isso, elas seriam portadoras de uma moral diferente da dos homens. Carol Gilligan opõe a ética feminina do *care* à masculina da justiça. Enquanto

---

53. Citado por Sarah B. Hrdy, *op. cit.*, p. 11.
54. Traduzido para o francês em 1986 sob o título *Une si grande différence*, foi publicado em 2008 sob o título *Une voix différente*. Ver a excelente apresentação de Sandra Laugier e Patricia Paperman para essa nova edição. [*Uma voz diferente: psicologia da diferença entre homens e mulheres da infância à idade adulta*. Trad. Nathanael C. Caixeiro. Rio de Janeiro: Rosa dos Tempos, 1990].

esta apela para princípios universais que põem em ação regras e direitos aplicados "imparcialmente", a moral do *care* é antes de tudo *particularista*:

> [Ela] parte de experiências ligadas ao cotidiano e dos problemas morais de pessoas reais em sua vida comum. [...] Acentua a reatividade ou a capacidade de resposta (*responsiveness*) a situações particulares cujos traços morais salientes são percebidos com acuidade. Há mesmo um raciocínio específico do *care*: ele não valida suas respostas a princípios, mas dá sentido aos detalhes concretos, específicos, e torna-os inteligíveis no contexto da vida das pessoas.[55]

Embora chegando a conclusões opostas, Carol Gilligan coloca fermento na massa de Freud. Lembremos que ele provocou a indignação de gerações de feministas ao afirmar: "É preciso dizer que a mulher não possui em alto grau o senso de justiça. [...] Nela, a faculdade de sublimar os instintos permanece fraca".[56] A filosofia do *care* não contesta o veredito, mas suas causas e consequências. Freud e todos os teóricos da moral desconheceram a contribuição ética das mulheres. A preocu-

---

55. Sandra Laugier e Patricia Paperman, *op. cit.*, p. V e XX.
56. Sigmund Freud, "La féminité", *Nouvelles conférences sur la psychanalyse*, 1971, p. 176-177. Freud atribuía a deficiência moral ao desejo do pênis no psiquismo feminino. [Ed. bras.: "A feminilidade", *O mal-estar na civilização, Novas conferências introdutórias à psicanálise e outros textos* (1930-1936), vol. 18. Trad. Paulo César de Souza. São Paulo: Companhia das Letras, 2010].

pação delas com os outros é uma forma de moral, em nada inferior à dos homens. Ao contrário, mais preocupadas com a vida e com as relações concretas entre si e os outros, mais dispostas a consertar do que a decidir, a proteger mais que punir, as mulheres trazem para a humanidade uma doçura e uma compaixão que renovam a moral social. Consequentemente, a maternidade – até então tida como uma relação privada – deve ser pensada como um dos dois modelos da esfera pública. Somente ela pode enfrentar o mundo individualista, egoísta e cruel do macho liberal.

Na França, Antoinette Fouque foi muito além das propostas matizadas de Carol Gilligan. Ela afirmou a superioridade moral das mulheres em virtude de sua capacidade de gestação: "A gravidez de uma mulher, a gestação, é o único fenômeno natural de aceitação pelo corpo e, logo, pela psique, de um corpo estranho. É o modelo de todos os enxertos."[57] Afirmação que ela completou com a seguinte, para sempre inesquecível!

> A gestação como geração, gesto, gestão e experiência íntima, mas também generosidade, gênio da espécie, aceitação do corpo estranho, hospitalidade, abertura, vontade de enxerto regenerador; a gestação integrativa, não conflitual, pós-ambivalente das diferenças, modelo de antropocultura, matriz da universalidade do gênero humano, princípio e origem da ética.[58]

---
57. Carol Gilligan, *Il y a deux sexes*, p. 157.
58. *Ibid.*, p. 80.

Essa abordagem, que faz da biologia o suporte de todas as virtudes, condena em um mesmo movimento os homens e as mulheres que ignoram a maternidade. Embora as consequências de um naturalismo extremista não provoquem outro comentário senão o riso, elas não são totalmente insignificantes. De fato, só se pôde chegar a elas porque novamente o naturalismo provoca uma espécie de consenso[59] em nossa sociedade pós-moderna. Consenso frouxo e difuso que está a ponto de se tornar nossa ideologia dominante, apesar da constante crítica do maternalismo por parte das feministas históricas francesas.[60]

Certamente, o radicalismo dos três referidos discursos – ecologia, ciências humanas e feminismo – interessa apenas a uma ínfima minoria de pessoas: prioritariamente aos intelectuais e aos militantes ativistas. Mas a contemporaneidade dessas três novas ideologias não é fortuita, e sua interconexão pesa sobre as mentes. Sem dúvida, a maioria das jovens mães não se reconheceria em nenhuma delas em particular, mas experimentam-lhes

---

59. Feministas tão incontestáveis quanto Erica Jong ou Betty Friedan acabarão por se aliar ao maternalismo. A primeira, em uma entrevista concedida em abril de 1986 para a *Vanity Fair*; a segunda, em seu livro *The second stage*, publicado pela primeira vez em 1981. [Ed. bras.: *A segunda etapa*. Trad. Edna Jansen de Mello. Rio de Janeiro: Francisco Alves, 1989].
60. Colette Guillaumin, *Sexe, race et pratique du pouvoir: l'idée de nature*, Côté-femmes, 1992. Nicole-Claude Mathieu, *L'Anatomie politique: catégorisations et idéologies du sexe*, Côté-femmes, 1991. Marie-Claude Hurtig, Michèle Kail, Hélène Rouch (dir.), *Sexe et genre. De la hiérarchie entre les sexes*, CNRS, 1991, reed. 2002. Christine Delphy, *L'ennemi principal 1. Économie politique du patriarcat* e *L'Ennemi principal 2. Penser le genre*, Syllepse, 1998 e 2001. À revista *Questions Féministes* (1977-1980), seguiu-se a publicação *Nouvelles Questions Féministes* (desde 1981).

os efeitos mais ou menos distantes. A partir de agora, a natureza é um argumento decisivo para impor leis ou oferecer conselhos. Ela se tornou uma referência ética dificilmente criticável perto da qual o resto faz triste figura. Por si só ela encarna o Bom, o Belo e o Verdadeiro caros a Platão.

Acima de tudo, a filosofia naturalista detém o poder supremo da culpabilização, capaz de mudar os costumes. No século XVIII, Rousseau, os médicos e os moralistas souberam tocar nesse ponto sensível para convencer as mães a se dedicarem exclusivamente aos filhos, amamentá-los e educá-los. Tratava-se da sobrevivência deles, da felicidade da família e da sociedade e, finalmente, do poder da nação. Hoje em dia, os argumentos mudaram um pouco. Nas sociedades em que a mortalidade infantil está em seu menor nível, não se apela mais para a sobrevivência das crianças, mas para sua saúde física e psíquica, determinante para o bem-estar do adulto e da harmonia social. Qual mãe não sentirá, no mínimo, uma pitada de culpa se não se conformar às leis da natureza?

CAPÍTULO III

Mães, vocês lhes devem tudo!

Decidir ter um filho implica responsabilidades aumentadas em relação a ele. A mãe que sonha com o filho perfeito vai ter de pagar por isso. Ora, este é tanto mais educado quanto se descobre, ao longo dos anos 1980, a complexidade do desenvolvimento da criança e das necessidades que não suspeitávamos que ele tivesse. O bebê é uma pessoa que tem competências, ritmos a serem respeitados, e exige uma atenção e trocas da parte daquela (ou daquele) que cuida dele. Os psicopediatras e os pediatras, retomados pela mídia, ensinam às mães a se comunicarem com seus bebês desde o nascimento, a decifrarem-lhes os gritos, as mímicas e os movimentos do corpo.[1] Elas devem estar à escuta, saber compreendê-los e estimulá-los. Conforme observa uma historiadora da maternidade:

> Depois da liberdade jovial e inovadora dos anos 1970, novas normas impõem-se durante os anos 1980. [...] A criança pequena não é mais um débil: à sua maneira, ela compreende tudo. Dirigem-se a ela como a um adulto, ela é avisada do que lhe

---
1. Ver T. Berry Brazelton, *Points forts. De la naissance à trois ans*, op. cit.

vai acontecer, "dão nome" ao que ela faz, ela é consultada (pelo menos por formalidade) na hora de ir passear ou dormir. Nada de ensinar-lhe higiene: ela mesmo decidirá. Por medo de traumatizá-la, de torná-la insegura, evita-se contrariar sua vontade, deixam-na exprimir-se, quer dizer, fazer tudo o que quer. Com o risco de logo descobri-la uma tirana. [...] As tarefas maternas tornaram-se cada vez mais ambiciosas, cada vez mais pesadas, sobre um fundo de ansiedade e nervosismo.[2]

Maternidade e ascetismo

As responsabilidades maternas começam, assim, desde a concepção da criança. Naquele minuto, desaconselha-se à mãe fumar um cigarro (ou um baseado) ou beber uma gota de álcool. Desde alguns anos, as advertências fazem-se cada vez mais alarmantes e peremptórias. Em 2004, a conferência "Gravidez e tabaco"[3] evidenciou a preponderância do tabagismo entre um terço das mulheres em idade de procriar. Cerca de 15% delas, grávidas, continuariam a fumar no terceiro mês da gravidez. Ora, os riscos incorridos são múltiplos: atraso de crescimento intrauterino, hematomas retroplacentários, gravidez extrauterina. O tabagismo da mãe é uma das primeiras causas de prematuridade e de riscos de asfixia do recém-nascido! A Academia de Medicina soa o alarme e preconiza – como para o álcool – a tolerância zero.[4] Por

---
2. Yvonne Knibiehler, *La révolution maternelle*, op. cit., p. 290-291.
3. Lille, outubro de 2004.
4. Claude Dreux e Gilles Crépin, "Prévention des risques pour l'enfant à naître", *Bulletin de l'Académie Nationale de Médecine*, n. 3, 2006, p. 713-724.

falta de resultados, dois anos mais tarde, o responsável por *Maternité sans tabac* [Maternidade sem tabaco], o professor Michel Delcroix, volta à carga. Invocando o "direito do feto de ser não fumante",[5] ele lembra às fumantes irresponsáveis que "o déficit de oxigenação pela inalação de CO da fumaça de tabaco ou de canabis é a primeira causa tóxica responsável por lesões celulares do sistema nervoso em desenvolvimento, podendo levar, em certos casos, a doença motora de origem cerebral (DMOC)."

Ao mesmo tempo, um estudo americano informa que não basta parar de fumar durante a gravidez; é preciso banir totalmente os cigarros das casas onde vivem crianças. O doutor Jonathan Winickoff descobriu o tabagismo ultrapassivo, que ele chamou de "tabagismo de terceira mão".[6] Os pais que pensam proteger os filhos arejando o cômodo onde acabaram de fumar estão totalmente enganados. O desaparecimento da fumaça não significa o desaparecimento dos riscos para a saúde. Os resíduos tóxicos que se incrustam demoradamente nos vidros, tapetes e móveis são igualmente nocivos.

> Ácido cianídrico, monóxido de carbono, arsênico, polônio 210... A fumaça do cigarro contém mais de 4 mil produtos químicos dos quais pelo menos cinquenta são reconhecidos como cancerígenos... As crianças que são submetidas ao tabagismo parental são mais vulneráveis às infecções ORL [otorrinolaringológicas]

---

5. *Le Figaro*, 29 de dezembro de 2008.
6. *Pediatrics*, vol. 123, n. 1, 2009, p. 74-79. Ver *Le Figaro*, 13 de janeiro de 2009.

e à asma. [...] Ora, vários estudos demonstraram que os níveis elevados de toxinas do tabaco persistem nas casas muito depois do fim do tabagismo.[7]

É a mesma condenação radical do álcool. O Instituto Nacional de Prevenção e Educação para a Saúde conclama solenemente as mulheres a *zero álcool durante a gravidez*.[8] O Institut National de Prévention et d'Éducation pour la Santé (INPES) nos informa que o consumo,

> mesmo que ocasional e moderado, não é anódino e pode acarretar sérios riscos para a criança que vai nascer. [...] Quando uma mulher grávida toma um drinque, rapidamente há no sangue do bebê tanto álcool quanto no seu. [...] Os efeitos do álcool no sistema nervoso central do feto podem ser muito nefastos. [...] O consumo cotidiano do álcool, mesmo que seja pouco, [...] é suscetível de acarretar complicações durante a gravidez, [...] bem como perturbações psíquicas ou de comportamento na criança exposta, tais como dificuldade de aprendizagem, de memorização, de abstração, de atenção...

Que tenha cuidado aquela que bebeu uma taça de champanhe em um aniversário! De fato, recomenda-se a mulheres grávidas que se abstenham de qualquer consumo de álcool desde o

---

7. *Ibid.*
8. Dossiê para a imprensa de 11 de setembro de 2006, sob a égide do Ministério da Saúde e das Solidariedades.

início e durante a gravidez. "Essa recomendação vale para todas as ocasiões de consumo, sejam elas cotidianas, eventuais ou mesmo festivas."

Aquelas que jamais fumaram um cigarro ou beberam um copo de vinho na vida aplaudem fortemente. Outras se recusam a abandonar seus hábitos "viciantes".[9] Mas a maioria tenta se adaptar ao novo imperativo do princípio de precaução. Quando lemos Éliette Abécassis, pensamos que estar grávida não está longe de ser uma religião:

> Para mim, o mais duro era parar de beber. Diante do olhar repentinamente severo de meu companheiro, não era possível absorver nem ao menos uma gota de álcool, sob pena de culpa extrema. Acabaram-se as risadas sem motivo, os grandes voos que o álcool provoca, o estado de leveza tão agradável depois do terceiro copo de champanhe. [...] Eu tentava substituir o álcool por outra coisa: Canada Dry, cerveja sem álcool, suco de cenoura, mas não adiantava. O imperativo categórico abatia-se sobre mim, tão afiado quanto um trinchante. Eu era responsável por outro que não eu.[10]

Esse texto ressoa como a morte dos prazeres, da liberdade e da despreocupação próprios de quem não é mãe. Tal como a re-

---

9. Uma pesquisa inglesa do Ipsos, datada de 28 de maio de 2001, informa que apenas 11% das mulheres tinham abandonado o álcool ao engravidar, e 26% pararam de fumar. Ver Canal Ipsos: http://www.ipsos.com.
10. Éliette Abécassis, *Un heureux événement*, op. cit., p. 28.

ligiosa que coloca o véu, a futura mãe não se pertence mais. Deus e o bebê são os únicos bastante poderosos para pôr fim à vida mundana. A imagem final da execução capital é a mais eloquente possível... Como estão longe os anos 1970, quando se podia viver a gravidez com despreocupação e leveza!

A batalha do leite

É o aleitamento que está no cerne da revolução materna a que assistimos nos últimos vinte anos. Imperceptível, mas firmemente, ele ganha cada vez mais adeptos no mundo ocidental. Esse gesto milenar, longe de ser anódino, exprime uma filosofia da maternidade que condiciona a situação da mulher e seu papel na sociedade. Nos anos 1970, ele é trocado pela mamadeira, o que permite às jovens mães continuar a trabalhar; as que amamentam, então, constituem uma pequena minoria. A inversão da tendência, hoje perceptível, deve-se principalmente à militância e à notável estratégia de uma associação de mães americanas: La Leche League (LLL).[11] Sua história é surpreendente.[12] Tudo começa com um piquenique no verão de 1956 no subúrbio de

---

11. Nome dado pelo esposo de Mary White, uma das fundadoras da LLL (ele próprio obstetra que prega o parto natural), em homenagem a uma madona espanhola, santa Augustina, padroeira do bom parto das mães e que lhes dava um leite abundante.
12. Ver Lynn Y. Weiner, "Reconstructing Motherhood: The La Leche League in Postwar America", *The Journal of American History*, vol. 80, n. 4, março de 1994, p. 1.357-1.381; Christina G. Bobel, "Bounded Liberation: A Focused Study of La Leche League International"; Gilza Sandre-Pereira, "La Leche League: des femmes pour l'allaitement maternel", *CLIO*, n. 21, 2005, p. 174-187.

Chicago. Duas mães, Mary White e Marian Thompson, amamentam seus bebês sob uma árvore. Outras mães se aproximam para demonstrar sua admiração, pois amamentar parece-lhes uma tarefa bem difícil. Para Mary e Marian, ao contrário, é a arte feminina por excelência. Com outras cinco mulheres como elas, fundam a LLL para ajudar "de mãe para mãe" todas as que desejam amamentar sem ousar fazê-lo por medo das dificuldades. As sete fundadoras eram católicas e militavam no Christian Family Movement, conhecido por suas posições tradicionalistas. Elas se inspiraram na filosofia e nos métodos deste último: organização de pequenos grupos de discussão em que as pessoas se apoiam mutuamente. A primeira reunião aconteceu na sala de Mary White em uma noite de outubro de 1956. A cada três semanas, as mães falavam das vantagens do aleitamento e pediam conselhos e ajuda para realizá-lo. As reuniões da LLL tiveram tanto sucesso que foi preciso multiplicar os grupos, que rapidamente se estenderam por todo o território americano: 43 grupos de mães em 1961, 1.260 em 1971, quase 3 mil em 1976. Contam-se 17 mil animadoras em 1981, no momento em que o índice de aleitamento materno passa, nos Estados Unidos, de 20% em meados dos anos 1950 a 60% em meados dos anos 1980. As animadoras recebem verdadeira formação e se mantêm a par dos desenvolvimentos da pesquisa científica sobre o aleitamento. Já em 1958, a LLL publica seu famoso livro, *The Womanly Art of Breastfeeding*, que resume todos os seus argumentos e se torna a bíblia das aleitadoras. Em 1990, contavam-se mais de 2 milhões de exemplares vendidos. Como veremos adiante, as ambições da

LLL não se limitarão às fronteiras dos Estados Unidos e conhecerão notável desenvolvimento internacional. Na origem do sucesso, uma improvável reviravolta ideológica e uma habilidade política digna de admiração.

O combate ideológico

Ele se apoia em dois princípios mais ou menos claramente formulados. O primeiro diz que a boa mãe põe "naturalmente" as necessidades do filho acima de tudo. O segundo, que as necessidades do filho são estabelecidas pela "natureza", e que são progressivamente cada vez mais conhecidas.[13] Conquistados esses princípios, a LLL desenvolve sua argumentação em torno de quatro temas principais: a autoridade moral da natureza, as vantagens do aleitamento, a condição da mulher e a reforma moral da sociedade. Embora os dois últimos, mais políticos e polêmicos, tenham sido oportunamente dissimulados, eles são particularmente reveladores da ideologia da LLL.

A autoridade da natureza é indiscutível. Sua autoridade provém de suas características: "inata, essencial, eterna e inegociável."[14] Desde os anos 1980–1990, sublinha Glenda Wall, ela é sacralizada, portadora de pureza, de inocência e de sabedoria. As fundadoras da LLL veem nela também o símbolo da simplici-

---

13. Linda M. Blum, *At the Breast*, 1999, p. 4. A socióloga que enuncia esses dois princípios afirma que eles caracterizam a maternidade contemporânea.
14. Glenda Wall, "Moral Construction of Motherhood in Breastfeeding Discourse", *Gender & Society*, agosto de 2001, p. 592-610.

dade, em oposição à era científica e industrial. O que há de mais simples e puro do que o aleitamento? "A maternagem pelo aleitamento", afirma a associação, "é o modo mais natural e eficaz de compreender e satisfazer as necessidades do bebê."[15] É, portanto, necessário revincular a mãe ao filho e despertar seu instinto maternal sufocado tanto pelo poder médico e científico quanto pelo individualismo e consumismo modernos. Recuperando o tom moral de Plutarco quando se dirige às mães romanas que não queriam mais amamentar, lembramos às mães que os seios pertencem prioritariamente ao bebê, e que eles foram criados para alimentar.

O segundo tema, longamente desenvolvido pelas fundadoras da LLL, diz respeito às vantagens do aleitamento, cuja lista não para de crescer ao longo dos anos e dos estudos publicados, sempre qualificados como "científicos". As vantagens físicas e psíquicas para o bebê são conhecidas há muito tempo. O leite materno é perfeitamente adaptado ao sistema digestivo e ao desenvolvimento da criança. Ele reforça as imunidades naturais e diminui os riscos de alergia. A LLL defende um aleitamento prolongado, bom para a saúde, e que solidifica a relação com a mãe. Cabe à criança decidir, e não aos médicos, a hora de suas refeições, bem como a do desmame. O ideal é, pois, o aleitamento a seu pedido, tão longamente quanto ela desejar. Do lado materno, as

---

15. Gilza Sandre-Pereira, "La Leche League: des femmes pour l'allaitement maternel", *op. cit.*, p. 2.

vantagens não são menores: o aleitamento não apenas recoloca a mulher mais rapidamente em forma física depois do parto e lhe oferece uma contracepção natural, como também a protege do câncer de mama, e talvez, mais importante ainda, a faz "crescer enquanto ser humano".[16]

Durante cinquenta anos, uma lista impressionante de vantagens suplementares foi acrescentada a essas primeiras. Para o lactente: diminuição da severidade de numerosas patologias infecciosas (meningite bacteriana, bacteriemia, diarreia, infecção urinária, septicemia no prematuro).[17] Alguns estudos afirmam também que o aleitamento diminui os riscos de morte súbita do lactente, do diabetes tipos 1 e 2, do linfoma, da leucemia, da doença de Hodgkin na infância, da obesidade, da hipercolesterolemia, da asma e até mesmo da esclerose em placas. Outros até procuraram mostrar que a criança amamentada tinha um melhor desenvolvimento cognitivo... Aos benefícios para as mães, já citados, acrescentam-se agora: um melhor relacionamento com a criança, a prevenção da depressão pós-parto, das hemorragias, das infecções, das anemias e, sobretudo, do câncer de ovário e da osteoporose. Cereja do bolo, o aleitamento permite à mãe uma volta mais rápida ao peso anterior à gravidez.

---

16. Lynn Y. Weiner, "Reconstructing Motherhood...", *op. cit.*, p. 1.370.
17. Vicky Debonnet-Gobin, *Allaitement maternel et médecine générale*. Tese de Doutorado em Medicina, defendida em 26 de setembro de 2005. Universidade da Picardia Jules Verne/Faculdade de Medicina de Amiens, p. 9.

Muitas dessas vantagens são confirmadas, desde que o aleitamento dure pelo menos seis meses. Outras não o são. Até esta data, foi a Sociedade Francesa de Pediatria que publicou o relatório mais objetivo sobre essa questão,[18] não hesitando em comunicar incertezas e pesquisas distorcidas. Assim é que a superioridade do leite materno para o desenvolvimento intelectual da criança se revelou infundada. Simplesmente esqueceram de levar em conta as características sociais, econômicas e culturais da mãe, bem como sua situação familiar.[19]

Finalmente, desde aproximadamente 15 anos, dois novos tipos de argumento apareceram na literatura dos defensores do aleitamento: uns econômicos, outros ecológicos. Em 1994, o doutor Bitoun avalia o custo suplementar da alimentação "artificial" em 4.640 francos por criança no primeiro ano.[20] Para chegar a esse resultado, o autor empenhou-se em um engenhoso cálculo das medidas de leite em pó necessárias durante os 12

---

18. Société Française de Pédiatrie, *Allaitement maternel. Les bénéfices pour la santé de l'enfant et de sa mère*, 2005, publicado pelo Ministério das Solidariedades, da Saúde e da Família da França.
19. Jean Rey, "Breast feeding and cognitive development", *Acta Paediatrics Supplement*, n. 442, 2003, p. 11-18; Geoff Der *et al.*, "Effect of breastfeeding on intelligence in children", *British Medical Journal*, vol. 333, n. 7575, outubro de 2006, p. 945. Disponível em: https://www.bmj.com/content/333/7575/945.long.
20. Pierre Bitoun, "Valeur économique de l'allaitement maternel", *Les Dossiers de l'Obstétrique*, n. 216, abril de 1994, p. 10-13. O doutor Bitoun é pediatra e membro da Sociedade Europeia para a Defesa do Aleitamento Materno. Os 4.640 francos de 1994 representam aproximadamente quase 700 euros. Vários cálculos da mesma ordem foram feitos em outros países. Ver T. M. Ball e Al. Wright, "Health care costs of formula feeding in the first year of life", *Pediatrics*, n. 103, 1999, p. 870-876.

primeiros meses, aos quais ele acrescenta os custos do material (mamadeiras, esterilizador etc.), da água e da eletricidade. No entanto, se levarmos em consideração a economia dos gastos médicos e farmacêuticos ligados a patologias "evitáveis" pelo aleitamento, como a da contracepção materna durante os seis primeiros meses, chegaremos a um total de 1.837 euros[21] por ano e por família, ou seja, quase o equivalente a dois salários-mínimos. Por outro lado, não deixam de chamar nossa atenção os benefícios ecológicos dessa alimentação, que poupa muitas despesas de combustíveis: a água mineral para as mamadeiras, a água corrente para lavá-las, a eletricidade ou o gás para aquecê-las, o ferro, o plástico e o papel para a fabricação das caixas de leite, sem falar da energia necessária para transformar o leite de vaca em leite substituto...[22]

A conclusão é irrecorrível: a boa mãe é aquela que amamenta. Para maior segurança, a LLL publicou os dez pontos fundamentais de sua filosofia, em 1985:[23]

1. O aleitamento é a maneira mais natural e eficaz de compreender e de satisfazer as necessidades do bebê.
2. A criança e a mãe precisam estar em contato muito cedo e com frequência para estabelecer uma relação satisfatória que permita à mãe fornecer o leite adequado.

---
21. Cálculo apresentado por V. Debonnet-Gobin em sua tese, *op. cit.*, p. 10.
22. *Ibid.*, p. 11.
23. Publicado por Christina G. Bobel, "Bounded liberation...", *op. cit.*, p. 149.

3. Nos primeiros anos, o bebê tem intensa necessidade de estar com a mãe, necessidade tão essencial quanto a de alimento.
4. O leite do seio materno é o melhor alimento para a criança.
5. Para ter um bebê com saúde perfeita, somente o leite materno é necessário até que ele manifeste necessidade de alimento sólido, em torno do primeiro ano.
6. Idealmente, o aleitamento continuará enquanto o bebê mostrar vontade.
7. A participação ativa da mãe no parto [parto natural] a ajudará a iniciar o aleitamento.
8. O aleitamento e a relação mãe/filho são reforçados com a ajuda e o amor do pai do bebê.
9. Uma boa nutrição passa por uma alimentação com produtos naturais.
10. Desde o início, as crianças precisam de pais carinhosos que as encorajem e estejam atentos a seus sentimentos.

A página da LLL na internet, em inglês, enuncia "os dez mandamentos do aleitamento"[24] na forma e no tom bíblicos. Da regra

---

24. "The ten commandments of breast-feeding" (que param no nono!). Em compensação, a versão francesa, "Os dez mandamentos do aleitamento", que se encontra em vários sites (em número de 11!), é ligeiramente diferente: 1. Não terás amostras. 2. Darás quando for pedido. 3. Posicionarás bem teu bebê e não afastarás o seio. 4. Repousarás, e o papai arrumará a casa. 5. Não escutarás os bons conselhos das não amamentadoras. 6. Darás os dois seios. 7. Evitarás bicos e mamadeiras. 8. À menor dor, chamarás (La Leche League). 9. Ouvirás o instinto de mãe e não darás água. 10. Não pesarás o bebê além da medida. 11. Não duvidarás de teu leite.

e do conselho, passou-se à lei sagrada, acompanhada a cada vez de um comentário:

– Sou o leite de teus seios. Não terás em casa outro alimento para a criança.
Se lhe deram amostras de leite em pó, jogue-as no lixo.

– Não terás nenhum substituto artificial, em látex, silicone, mamadeira, bicos ou chupetas.
Se o bebê quiser chupar, ofereça-lhe os seios.

– Entrarás em contato com a Leche League no terceiro semestre de tua gravidez e participarás das reuniões, sobretudo se jamais viste uma mulher amamentar.
A maioria das mulheres não teve a chance de ver uma mulher amamentar. Ora, o aleitamento é uma arte que não se transmite pela leitura de um livro.

– Tu te cercarás de profissionais do aleitamento desde o parto.
Assegure-se de que as enfermeiras e o pediatra encorajam o aleitamento.

– Tu não abandonarás.
Nem em dois dias, duas semanas ou dois meses. Se seus mamilos estiverem doloridos, encontre ajuda antes que eles comecem a sangrar ou a rachar...

– TU NÃO ESCUTARÁS AQUELES QUE TE DIZEM QUE NÃO PODES AMAMENTAR OU QUE NÃO ALEITES DEMORADAMENTE, MUITO FREQUENTEMENTE OU POR LONGO TEMPO.

Não escute nem sua mãe nem sua sogra que aconselham a mamadeira!

– NÃO DESMAMARÁS TEUS FILHOS EM BENEFÍCIO DE TEU CONFORTO.

Estudos demonstraram que as crianças estavam biologicamente prontas a serem desmamadas *entre 3 anos e meio e 7 anos.*

– NÃO PERMITIRÁS A NINGUÉM CONTESTAR O ALEITAMENTO, AS NECESSIDADES DO BEBÊ E O ALEITAMENTO PROLONGADO.

O que inclui os médicos, os membros da família etc.

– NÃO PERMANECERÁS EM SILÊNCIO.

Você apoiará as mulheres que aleitam por toda a parte e sempre, até mesmo com uma palavra ou um sorriso. Assegure-se de que elas possam encontrar um grupo da LLL. Se você amamenta em público, e fazem-lhe o menor comentário, aproveite para educar essas pessoas.

Já ficou claro que as mulheres da LLL estão em guerra contra a mamadeira e os horríveis leites em pó,[25] a creche e, con-

---

25. Embora os pediatras de boa-fé reconheçam facilmente que os preparos lácteos industrializados estão cada vez mais adaptados às necessidades das crianças pequenas. Société Française de Pédiatrie, *Allaitement maternel*, 2005, *op. cit.*, p. 28.

sequentemente, o trabalho das "mamães". Uma boa mãe que amamenta sob demanda é uma mãe em tempo integral. Razão pela qual a LLL sempre encorajou suas adeptas a permanecerem em casa.

Na edição de 1981 de *The Womanly Art of Breastfeeding*, a questão do trabalho da mãe ainda é tratada de modo negativo. Sua única justificativa é o imperativo financeiro, se de fato não se pode fazer de outro modo. Mas as animadoras fazem o que podem para desencorajar as mães a retomarem o emprego. Elas próprias, na maioria, não trabalham fora do lar.[26] Resultado: estudos mostram que os índices de aleitamento materno são mais altos entre as mulheres com diploma de ensino superior do que entre as operárias ou funcionárias. Para não ver sua influência enfraquecer, a LLL abrandou sua posição. Em 1987, ela acrescenta um capítulo a seu guia para ajudar as mulheres a continuar a amamentar depois da retomada das atividades. Ela preconiza o recurso à bomba de extração elétrica, que possibilita que a mãe recolha o precioso líquido e o conserve em geladeira para ser consumido em sua ausência. Afinal, esse processo é apenas um mal menor. Além de muitas mulheres o rejeitarem, não resolve o problema do bebê. Encontrar alguém de confiança para cuidar dele não é coisa fácil e custa caro. Quanto à creche, ela é fortemente desaconselhada ao bebê de menos de 1 ano. Edwige

---

26. Testemunho de Claude Didierjean-Jouveau, ex-presidente da LLL França e atual redatora-chefe da revista *Allaiter Aujourd'hui*, *in* Gilza Sandre-Pereira, *op. cit.*, p. 5.

Antier, fiel militante da LLL, não perde a oportunidade de desencorajar as mães a recorrerem à creche. "No momento de confiar seu bebê a esse mundo ruidoso e bastante anônimo [...] a mãe chora."[27]

> Assim que o bebê entra na creche, ele pega os vírus dos colegas com seu cortejo de rinovírus, bronquiolites etc. Se de fato ele fica muito doente, se frequentemente está usando antibióticos, é preciso saber tentar encontrar um substitutivo para evitar um pouco os agrupamentos.[28]

E, para terminar, esta pergunta surpreendente: "Não massacramos nossos bebês retirando-os precocemente de suas mães?"[29]

A melhor solução para a mãe e para a criança é, incontestavelmente, a volta da mulher a casa. Para convencê-la a operar essa mudança, é preciso revalorizar a maternidade, como se fez tão bem no passado.[30] Esse é o quarto tema da LLL. A mãe que amamenta e fica em casa tem um considerável papel social a representar. Graças a ela, a criança conhecerá um desenvolvimento harmônico que será proveitoso para a sociedade. De fato, o aleitamento é considerado a perfeita iniciação nas boas

---

27. Edwige Antier, *Éloge des mères*, 2001, p. 166.
28. Edwige Antier, *Confidences de parents*, 2002, p. 113.
29. Edwige Antier, *Vive l'éducation!*, 2003, p. 13.
30. Elisabeth Badinter, *Um amor conquistado*, op. cit., 1980, p. 145-147. Ver também Marilyn Yalom, *Le Sein. Une histoire*. Galaade Éditions, 2010, p. 14.

relações entre pais e filhos, reforça o laço familiar e mais ainda a coesão social. A missão das mães nutrizes é fundamental, já que condiciona uma reforma moral de grande envergadura: "Cada mãe que amamenta seu bebê é uma agente da mudança social",[31] garante a LLL. Haverá um dever mais urgente do que esse?

O reverso da medalha é, evidentemente, a culpa de todas as mães que não se reconhecem aí. Estigmatizam-se aquelas que preferem dar mamadeira e, portanto, não podem experimentar o mesmo apego físico em relação ao seu bebê. Um dos médicos fundadores da LLL tinha, de resto, o costume de dizer que aquela que dá mamadeira "é uma deficiente. Talvez ela se torne uma boa mãe, mas poderia ter sido melhor se tivesse amamentado".[32] Outros, mais recentemente, propuseram sem rodeios desprezar as que se recusam a amamentar, como se faz com as mães que bebem ou fumam: "Os médicos não hesitam em condenar os pais que fumam, ou os que não utilizam uma cadeira para o bebê no carro, mas tratam o aleitamento como uma questão de escolha."[33] Ora, não é o caso, pois é um dever "proteger o bebê contra os perigos do leite artificial".

Concluindo: todas as mães podem amamentar, não há nenhuma dificuldade, física ou psíquica, que não possa ser su-

---

[31]. *Allaiter aujourd'hui*, 1993, n. 16, p. 3.
[32]. Lynn Y. Weiner, *op. cit.*, p. 1.368.
[33]. Conferência na Leche League Internacional, setembro-outubro de 1999, por Robin Slaw, "Promoting Breastfeeding or promoting guilt", *New Beginnings*, vol. 16, n. 5.

perada. A ambivalência materna não existe, e aquelas que têm má vontade em se submeter são inconscientes e mães más. Essa ideologia maternalista, até mesmo açucarada em certos países como a França pelos adeptos da LLL, continua progredindo há mais de vinte anos, graças a conexões por vezes inesperadas.

Uma estratégia política de grande envergadura

Desde sua criação, a LLL soube habilmente fazer aliança com outros movimentos que não partilhavam necessariamente todos os seus postulados morais. Eles passavam até mesmo por reformistas. Essas alianças expandiram sua influência muito além do meio de origem e de suas primeiras adeptas, suburbanas da pequena e média burguesia. Ela pôde atingir públicos muito diferentes e dar a impressão de que seu propósito se dirigia a todas, que ele era universal.

Nos anos 1960, a LLL acompanha durante algum tempo o movimento da contracultura, que prega a volta à natureza. "As fundadoras da League pensavam que o movimento hippie ajudaria a torná-las populares. Além disso, ele partilhava a mesma revolta contra o *establishment*, incluindo o médico."[34] Contudo, surgiram tensões nos anos 1970 quando os militantes pediram à LLL que se posicionasse a respeito de questões tão sensíveis quanto o planejamento familiar, a política ecológica e o abor-

---
34. Lynn Y. Weiner, *op. cit.*, p. 1.375.

to. Ao que esta se recusou obstinadamente, argumentando que sua mensagem da boa maternidade pelo aleitamento não deveria ser diluída em outras causas, pois com isso ela perderia adeptos.

Outra aliança mais proveitosa foi a que a LLL estabeleceu solidamente com a comunidade médica, adepta do novo nascimento e do *bonding*, todos os que recusavam a maternidade "científica e técnica". Em 1968, o *Journal of Pediatrics* publicou "A salute to the Leche League International" (Saudação à Leche League Internacional), desejando-lhe que continuasse. Em 1974, a LLL recebe a confiança da American Medical Association, e Brazelton, o guru dos bebês, é um de seus melhores aliados. Em 1997, a consagração suprema: a American Academy of Pediatrics recomenda amamentar pelo menos nos 12 primeiros meses. Dessa vez, pode-se dizer que a LLL ganhou o apoio do mundo médico americano.

Finalmente, apresentando-se como feministas de primeira hora que militam para retomar o controle de seus corpos, as fundadoras aderiram ao novo movimento feminista maternalista. De parte a parte, lutavam contra a medicação desmedida da maternidade e defendiam o parto natural e o aleitamento. Mesmo que as divergências tenham continuado entre os dois grupos, notadamente quanto ao aborto ou ao trabalho das mulheres, ambos partilham uma visão essencialista da mulher, "por natureza" mais dedicada aos outros, mais social, mais pacífica que o homem. Segundo eles, o maternalismo é um humanismo libertador. No essencial, as mulheres da LLL podem, portanto, reconhecer-se nos princípios da filosofia do *care*.

Além dessa política de alianças que lhe vale ser reconhecida em muitos meios, a LLL soube transformar seu discurso sem renunciar aos seus princípios. Vimos como ela conseguiu não se afastar das mães, cada vez mais numerosas, que trabalham fora, sugerindo-lhes a bomba de extrair leite. Essa flexibilidade e essa capacidade de compromisso é um de seus mais preciosos trunfos. A associação, que no início poderia parecer uma seita, conseguiu tecer uma poderosa rede de mulheres nos Estados Unidos e na Europa. Graças a uma notável estratégia internacional e a uma verdadeira capacidade de penetração nas grandes instituições mundiais, ela está pronta para ganhar a batalha do leite.

Quando estamos convencidos de que agimos para o bem da humanidade, não paramos na fronteira do próprio país. A LLL criou filiais em Quebec, em 1960, na França, em 1979, e na Suíça, em 1981. Hoje, ela está presente em quase setenta países. A princesa Grace de Mônaco foi uma das primeiras personalidades a apoiá-la publicamente e a promovê-la na Europa, no início dos anos 1970. Tendo identificado as causas do declínio do aleitamento (falta de informação e de apoio às mães; rigidez hospitalar e falta de informação dos profissionais da saúde; e comercialização agressiva dos substitutos do leite, das mamadeiras e dos bicos), as LLL dos diferentes países têm um roteiro comum. O primeiro inimigo a combater é a indústria do leite em pó, que seguidamente conquistou fatias do mercado nos anos 1960-1970. A causa das mulheres da LLL marca um ponto decisivo quando se descobrem as consequências desastrosas da utilização desses leites nos países pobres. A água insalubre, as condições de higiene e as temperaturas elevadas os transformam em venenos que matam.[35] A OMS e o UNICEF assumem o problema para não mais abandoná-lo. A LLL vai encontrar neles um apoio inesperado. Desde outubro de 1979, ela envia representantes ao colóquio comum organizado em Genebra pela OMS e pelo UNICEF, que conclui sobre a necessidade do aleitamento. Dois anos depois, a LLL obtém o título de consultora junto ao UNICEF e vai se empenhar em fazer do aleitamento um problema de saúde pública mundial.

É notável a extensão da recomendação do aleitamento materno nos países em vias de desenvolvimento a todos os outros. Recomendação que se faz cada vez mais imperiosa e exigente ao longo dos anos. Conforme o desejo da LLL e de seus apoios médicos, as grandes organizações internacionais destacam os malefícios dos leites artificiais nos países industrializados. Em vista das qualidades específicas do leite materno e pretensamente da saúde deficiente das crianças ali-

---

[35]. Viviane Antony-Nebout conta que, em 1989, o UNICEF estimava que 5 mil crianças com menos de 5 anos morriam todos os dias de diarreia e de infecção respiratória por não terem sido amamentadas, ou seja, 1,5 milhão a cada ano nos países em desenvolvimento. Ver *Hôpital Ami des Bébés: impacts sur l'allaitement. Militantisme ou respect des femmes*. Tese de Doutorado em Medicina, Universidade de Poitiers, 2007, p. 20.

mentadas com mamadeira, não se estabelece mais a diferença entre o estado sanitário de um bebê no Sahel e o de outro, nascido em Paris. Abaixo os leites em pó! Desde 1981, os 118 Estados-membros da OMS votam um código internacional de comercialização de substitutos do leite materno para restringir-lhes a difusão.[36] Como observa V. Antony-Nebout: "Depois de ter sido alvo da atenção de industriais e médicos, a alimentação infantil passa para o campo da diplomacia e das organizações da ONU." O objetivo mundial a ser atingido resume-se a dois pontos: "Aleitamento materno exclusivo durante os seis primeiros meses de vida (sem nenhum acréscimo de água, frutos ou chás); aleitamento complementado até 2 anos pelo menos, quando o leite materno deve representar ainda 1/3 da alimentação."[37]

Diante da inércia de alguns países – como a França –, as organizações internacionais apelam para exigências mais sérias. Apoiando-se na Convenção sobre os Direitos da Criança (votada em 20 de novembro de 1989), notadamente no artigo 24,[38] elas pedem que cada governo crie medidas legislativas, jurídicas

---

36. É especialmente proibido fazer publicidade de substitutos do leite materno para o grande público e oferecer amostras grátis às mães. Qualquer informação sobre alimentação artificial deve mencionar claramente a superioridade do aleitamento materno e conter um alerta contra os riscos e o custo da alimentação artificial. *Ibid.*, p. 24-25.
37. *Ibid.*, p. 23.
38. Ele estipula que a criança tem direito de gozar do melhor estado de saúde possível.

e administrativas em defesa do aleitamento. Em 1º de agosto de 1990, 32 governos assinam com a OMS, o UNICEF e organizações não governamentais a Declaração de Innocenti, que lembra os períodos ideais de duração do aleitamento e sugere os meios para consegui-lo. Entre eles: designar um coordenador nacional e um comitê nacional; fazer com que cada maternidade siga as dez recomendações[39] para o sucesso do aleitamento; aplicar o Código Internacional de Comercialização de Substitutos do Leite Materno; e garantir às mulheres que trabalham o direito de amamentar seus filhos.

Um ano depois,[40] a OMS e o UNICEF lançam a Iniciativa Hospital Amigo dos Bebês (IHAB): hospitais e maternidades que vão pôr em prática as precedentes recomendações receberão o título internacional "Amigos dos Bebês". Desde en-

---

39. Elas são as seguintes: 1. Adotar uma política de aleitamento materno formulada por escrito e sistematicamente levada ao conhecimento de todo o pessoal da área de saúde. 2. Dar a todos os membros da área de saúde as competências necessárias para pôr em prática essa política. 3. Informar todas as mulheres grávidas das vantagens do aleitamento materno. 4. Deixar o bebê pele a pele com a mãe imediatamente após o nascimento, pronto para mamar, oferecendo ajuda, se necessário. 5. Ensinar as mães a praticar o aleitamento no seio e a manter a lactação mesmo que se encontrem separadas do lactente. 6. Não dar ao recém-nascido nenhum alimento ou nenhuma bebida além do leite materno, salvo indicação médica. 7. Deixar a criança com a mãe 24 horas por dia. 8. Estimular o aleitamento no seio a pedido da criança. 9. Não dar às crianças alimentadas no seio nenhum bico artificial ou chupeta. 10. Estimular a formação de associações de apoio ao aleitamento materno e a elas dirigir as mães, desde sua saída do hospital ou da clínica.
40. Em junho de 1991, quando de uma reunião da International Pediatric Association.

tão, as organizações mundiais e as associações não param de pressionar os governos. A União Europeia elaborou duas vezes (em 2004 e 2006) programas para promover e apoiar o aleitamento, tanto no aspecto político quanto financeiro. Trata-se sempre de informar o público, de formar profissionais de saúde e também de avaliá-los e controlá-los.

No momento atual, é forçoso constatar que a LLL ganhou a batalha ideológica.[41] Representada por grandes organismos internacionais, ela pôde convencer os políticos e os representantes das instituições da superioridade do aleitamento materno. Terá convencido as mães a praticarem o aleitamento exclusivo durante seis meses e, em seguida, misto, até os 2 anos? O balanço é contrastante, mas não para de mudar.

---

41. Basta ler o texto introdutório da Declaração de Innocenti para se convencer de que a LLL venceu em todos os pontos: "O aleitamento materno constitui um meio inigualável de alimentar a criança: garante aos lactentes uma alimentação ideal que favorece o crescimento e o bom desenvolvimento; reduz a incidência e a gravidade de doenças infecciosas, diminuindo também a morbidade e mortalidade infantis; contribui para a saúde das mulheres, reduzindo o risco de câncer de mama e do ovário e aumentando o intervalo entre as gestações; traz vantagens sociais e econômicas para a família e para a nação; proporciona um profundo sentimento de satisfação nas mulheres para as quais a experiência é bem-sucedida. Essas vantagens aumentam, caso os lactentes sejam alimentados exclusivamente no seio durante os seis primeiros meses de vida, e a mãe continue a amamentá-los, oferecendo-lhes uma alimentação complementar".

O resultado

Mundialmente, todos os países ocidentais viram o índice de aleitamento aumentar desde os anos 1970. Hoje, a maioria das mulheres – em alguns países, quase todas – amamenta durante a permanência na maternidade. Sob a atenta vigilância das enfermeiras (ou da família), não é fácil se esquivar! Em contrapartida, a duração do aleitamento, na volta para a casa, varia muito de um país para outro e em razão da condição sociocultural da mãe.

Resultados espetaculares

Do outro lado do Atlântico, os progressos do aleitamento são notáveis, mas ainda considerados insuficientes pelas associações pró-aleitamento. Nos Estados Unidos, apenas 24% das mães amamentavam no início dos anos 1970. Em 1982, eram 62%, e em 2002, 70%. Em 2010, o objetivo era de 75%. Existem fortes disparidades conforme os estados. Apenas seis estados, dentre os quais a Nova Inglaterra, atingiram o índice almejado de 50% de mães que amamentam ainda aos seis meses, enquanto a média nacional se situa entre 33% e 36%. Em oito estados, 25% das mulheres amamentam por 12 meses, contra 17% a 20% no restante do país.[42]

Em Quebec, o aumento é da mesma ordem. As previsões para 2007 eram de 85% ao sair da maternidade, 70% no segundo mês, 60% no quarto, 50% no sexto e 20% durante um ano, enquanto

---
42. *Journal of American Dietetic Association*, n. 105, 2002, p. 810-818.

apenas 5% das quebequenses amamentavam durante seis meses, no início dos anos 1970.[43]

Na Europa, as estatísticas variam consideravelmente de um país para o outro. As boas alunas são as escandinavas, e as más, as francesas, como mostram os quadros a seguir.[44]

Os dois últimos diagramas não representam a França, pois os índices de aleitamento no país, de 6 a 12 meses, são insignificantes.

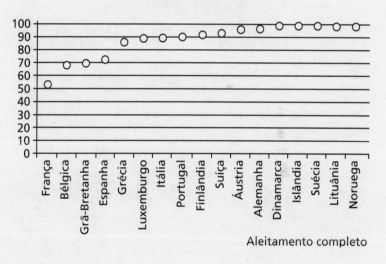

43. Micheline Beaudry, "Recréer une culture d'allaitement maternel", *Le Périscope*, vol. 6.1, primavera de 2002. Ver a página na Internet da Associação para a Saúde Pública de Quebec. Ver também: "L'allaitement maternel au Québec", *in: Familles en mouvance et dynamiques intergénérationnelles*, vol. V, n. 1, maio de 2005.
44. Estatísticas 2002. Retirado do site da associação Information pour l'Allaitement (IPA). "EU Project on Promotion of Breastfeeding in Europe. Protection, Promotion and Support of Breastfeeding in Europe: Current Situation", European Commission, Directorate for Public Health, Luxemburgo, 2003.

104 | Mães, vocês lhes devem tudo!

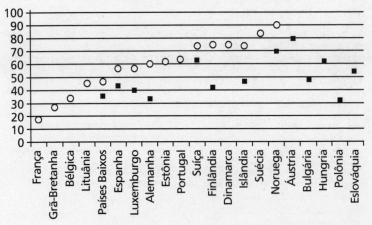

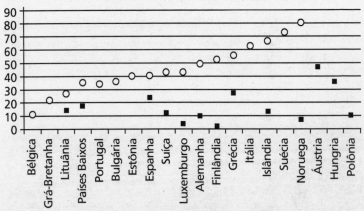

O conflito | 105

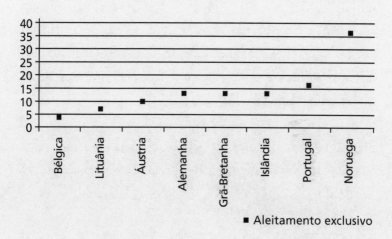

Essas estatísticas, que mostram a situação do aleitamento entre os anos 2000 e 2002, devem ser identificadas em um contexto evolutivo próprio de cada país.[45] No que diz respeito à Suécia e à Noruega, sabemos que desde os anos 1950 os índices de aleitamento descreveram uma espetacular curva em "U". O ponto mais baixo foi atingido nos anos 1972-1973: na Suécia, 30% das mulheres amamentavam por dois meses, e 10% por seis meses; na Noruega, apenas 5% amamentavam por seis meses. Desde os anos 1993-1994, o aumento dos índices é constante.[46] Em 2007, os números dos países do norte são impressionantes.

---

45. Lamentavelmente, para diferentes países europeus faltam estatísticas evolutivas.
46. Associação Information pour l'Allaitement (Informação para o Aleitamento).

Na Noruega, 99% dos bebês são amamentados ao sair da maternidade; na Finlândia, 95%; na Suécia, 90%; e, na Dinamarca, 90%.[47] É também nesses países que eles são amamentados por mais tempo. Comparativamente, os bebês italianos (75%) fazem triste figura. Apenas as austríacas (93%)[48] e as alemãs (85%)[49] suportam a comparação.

Para explicar essa quase unanimidade escandinava, a IPA[50] menciona vários fatores: associações pró-aleitamento, muito ativas, permutando com o mais alto grau de vontade política do Estado:

> Em lugar de apresentar o aleitamento como um dever das mulheres, foi exatamente ao reivindicar um direito que as mães puderam devolver ao aleitamento seu caráter natural. [...] A esse direito se associa o de poder se beneficiar de licença-maternidade suficiente e de adaptação ao mundo do trabalho.[51]

---

47. Disponível em: http://www.paperblog.fr/233473.
48. Estudo do Ministério austríaco da Saúde, da Família e da Juventude publicado em 13 de setembro de 2007, "Kdolsky: Neue Studie zum Thema Stillen und dem Ernährungsverhalten von Saüglingen". Ali se lê que 93,2% das mães amamentam depois do nascimento. Após três meses, 60% amamentam exclusivamente e 12%, parcialmente. Aos seis meses, 10% e 55% das mulheres, respectivamente.
49. Disponível em: http://www.paperblog.fr/.
50. Associação Information pour l'Allaitement [Informação para o Aleitamento].
51. As licenças-maternidade são ali as mais generosas da Europa: na Noruega, são de dez meses com salário integral e de 12 meses com 80% do salário.

Alguns apreciarão a transformação do "dever" em "direito".

Uma dúvida, porém, subsiste: o que significa a unanimidade em uma democracia de opinião? Se o aleitamento é um direito, o não aleitamento ainda o será? As norueguesas ou as suecas podem ainda exercer livremente sua escolha e se recusar a se conformar à norma moral e social? O número de 100% de mulheres desejosas de amamentar leva a pensar em um escore análogo no sentido inverso...

As mães más

A Irlanda e a França são as últimas da classe, a vergonha da Europa amamentadora! Em 1999, estimava-se que somente as irlandesas agiam pior que as francesas: 34%[52] contra 50,1% amamentavam no nascimento. Como a Irlanda fornece poucas estatísticas, acostumamo-nos a considerar as francesas as piores da classe. Contudo, as associações pró-aleitamento estão longe da inatividade, e a imprensa representa-as cada vez melhor ao longo dos anos. A LLL francesa, criada em 1979, conta hoje com quase 140 postos locais.[53] Ela edita duas revistas trimestrais[54] e colabora, com a associação Co-Naître, na formação de pessoal da saúde. Sua militância já deu fru-

---

52. Número apresentado pela IPA, Estatísticas de Aleitamento, junho de 2001.
53. Em 2004, estimava-se em 238 o número de animadoras em toda a França.
54. *Allaiter aujourd'hui* e os *Dossiers d'allaitement*.

tos, a julgar pela curva crescente do índice de aleitamento ao nascimento:[55]

1955	45,6%
1997	48,8%
1999	50%
2000	52,3%
2001	54,5%
2002	56%

É verdade que as francesas ainda fazem menos que as belgas (70%) e as suíças (80%), mas elas não param de progredir. O verdadeiro ponto obscuro está em outra parte: a duração do aleitamento continua desesperadamente curta. Apenas 42% das crianças continuam a ser amamentadas depois de oito semanas (contra 86% na Noruega, aos três meses!).[56] Falemos francamente: as mães não estão dispostas a exercer o papel que se espera delas, e os governos que se sucederam por trinta anos remancham para deixar o país em conformidade com as exigências da OMS, representadas pelas diretrizes europeias. Foram necessários não menos de 17 anos[57] para que a França se decidisse a aplicar o Código Internacional de Comercialização de Substitutos do Leite

---

55. *LaNutrition.fr*. *Le Parisien*, de 2 de março de 2009, publicou os seguintes dados: 65% das francesas amamentam ao sair da maternidade, mas 2/3 param depois de um mês. Seis semanas depois do parto, apenas 15% delas alimentam o bebê no seio.
56. Disponível em: http://www.paperblog.fr/.
57. Decreto de 30 de julho de 1998.

Materno votado em 1981 pela Assembleia Mundial da Saúde. Diferentemente da Grã-Bretanha, ela não assinou a Declaração de Innocenti de 1990, que obriga, entre outras coisas, a designar um coordenador e um comitê nacional para o aleitamento.

Cansadas dessa inércia política, as associações de apoio e de informação sobre o aleitamento reuniram-se para criar em 2000 uma nova associação, a COFAM,[58] que tenta agir como um coordenador nacional. Todos os anos ela organiza a Semana Mundial do Aleitamento, favorece trocas entre profissionais e associações e difunde numerosos folhetos. A COFAM coordena a Iniciativa Hospital Amigo dos Bebês, e recebeu o apoio do Ministério da Saúde. Desde 2001, as associações conseguem fazer com que a promoção do aleitamento figure entre os nove objetivos do primeiro Plano Nacional de Nutrição e Saúde (PNNS). No segundo plano, lançado em 2006, o objetivo é calculado: passar de 56% a 70% de aleitamento exclusivo ao sair da maternidade em 2010.

Nem por isso a partida está ganha. Como constata V. Antony-Nebout: "Existe uma falta total de vontade para alocar fundos suficientes para as iniciativas a favor do aleitamento materno e, em especial, no que diz respeito à Iniciativa Hospital Amigo dos Bebês."[59] Enquanto em 2007 se contava com 20 mil Hospitais Amigos dos Bebês (HABs) no mundo, dos quais 650 na Europa, a França arrasta-se no último lugar com apenas cinco

---

58. Coordenação Francesa para o Aleitamento Materno.
59. Ver a tese de Antony-Nebout sobre o Hôpital Ami des Bébés, *op. cit.*, p. 45.

HABs,[60] como mostra o quadro composto de dados do UNICEF em 2007.[61] Até mesmo a Irlanda faz melhor figura que a França.

	Número de HABs	% em relação ao número total de maternidades	% do número nacional de nascimentos
Áustria	14	13%	
Bélgica	6		9,7%
Bulgária	5	4,5%	10%
Dinamarca	11	33%	22%
França	5	0,7%	
Alemanha	18	1,8%	
Hungria	9	8%	
Luxemburgo	2	33%	35%
Irlanda	3	14%	17%
Itália	8	1%	1,5%
Lituânia	6	12%	
Macedônia	28	97%	
Países Baixos	38	20%	35%
Noruega	36	64%	77%
Polônia	52	11%	
Romênia	10	5,5%	12%
Rússia	162	5%	13%
Espanha	10	1,1%	
Suécia	52	100%	100%
Suíça	59	40%	55%
Reino Unido	43	16%	16%

---

60. Em Lons-le-Saunier, Roubaix, Cognac, o hospital de Saint-Affrique, Sud Aveyron e em Mont-de-Marsan.
61. Quadro publicado por V. Antony-Nebout, *op. cit.*, p. 45.

Essa inércia governamental reflete bem a da sociedade francesa e, em particular, a das mulheres. Há pouco tempo ainda, exaltavam-lhes o aleitamento como uma escolha, um direito e um prazer. Agora, o discurso mudou e tende a se tornar mais firme. Na falta de resultados satisfatórios, os promotores do aleitamento passaram para uma etapa acima, a da culpa. Fala-se cada vez menos de direito e mais de dever. Até mesmo a Academia de Medicina se torna, a partir de agora, militante diligente da alimentação dos lactentes no seio.[62] A mensagem é clara: a boa mãe é a que amamenta. Como que por acaso, esta tem o mesmo perfil sociocultural em todos os países desenvolvidos: tem mais de 30 anos, pertence a uma categoria socioprofissional elevada, exerce uma profissão, não fuma, segue cursos de preparação para o parto e se beneficia de uma longa licença parental.[63]

As resistências surdas

Elas são inúmeras, inaudíveis ou subterrâneas. Raros são os que se arriscam a criticar a necessidade de amamentar nos países desenvolvidos, e é preciso que as jovens parturientes tenham uma personalidade forte para enfrentar as normas das enfermeiras e puericultoras. Muito raros são também os especialistas médicos que distinguem claramente os benefícios constatados da

---

62. Ela publicou um relatório sobre a questão em março de 2009, segundo dizem, por unanimidade de votos. Viu-se até mesmo um acadêmico no telejornal noturno da France 2 expor solenemente os benefícios infindáveis do aleitamento.
63. Vicky Debonnet-Gobin, *op. cit.*, p. 15. Deve-se acrescentar que, nos Estados Unidos, as mulheres brancas amamentam mais que as negras.

amamentação, dentre todos os sugeridos por alguns estudos e, em seguida, desmentidos.[64] O resultado redigido pela Sociedade Francesa de Pediatria destacava em 2005:

> Com a condição de que ele seja exclusivo e dure mais de três meses, o aleitamento materno diminui a incidência e a gravidade de infecções digestivas, ORL e respiratórias. Trata-se do principal benefício-saúde do aleitamento materno, responsável pela diminuição da morbidade e da mortalidade de crianças amamentadas, inclusive nos países industrializados.[65]

Em compensação, provavelmente ele avançou demais ao associar aleitamento e desenvolvimento cognitivo da criança. Um ano depois, Geoff Der[66] publicava seu famoso estudo sobre a história e o quociente intelectual de mais de 5 mil crianças e suas 3 mil mães – e concluía pela ausência de laço. Ao observar famílias nas quais uma criança tinha sido amamentada no seio e a outra

---

64. Surpreende, por exemplo, encontrar na tese de Vicky Debonnet-Gobin uma página (p. 9) dedicada aos benefícios do aleitamento para o lactente (título em negrito) que apresenta com o mesmo destaque as provas certas, as "sugeridas" e os "benefícios discutidos", como se as três rubricas de mesma natureza se somassem umas às outras.
65. Société Française de Pédiatrie, *Allaitement maternel*, op. cit., p. 65. O relatório acrescenta: "O aleitamento exclusivo e prolongado por seis meses [...] permite redução do risco alérgico entre os lactentes (pai, mãe ou irmã alérgica [...]), participa da prevenção posterior contra a obesidade durante a infância e a adolescência".
66. Geoff Der é um estatístico da Medical Research Council's Social and Public Health Sciences na Universidade de Edimburgo. Ver os resultados desse estudo na Internet, *BMJ*, outubro de 2006.

não (notadamente gêmeos), ele confirmou que o fator essencial era o meio sociocultural da mãe e que o aleitamento não tinha nenhuma influência sobre o QI.[67] Os resultados impressionantes não impedem os militantes do aleitamento de continuar a fazer crer no oposto.[68]

Somente Linda Blum, socióloga americana, ousou escrever em seu estudo sobre o seio que as vantagens do aleitamento nos países desenvolvidos tinham sido infladas. Que inúmeros benefícios proclamados estavam longe de ser comprovados e exigiam outras pesquisas; finalmente, que os leites artificiais (ou maternizados) estavam sempre melhorando para reproduzir as mesmas vantagens do leite materno.[69] Afirmações iconoclastas que a mídia pouco divulga! Atualmente, a mamadeira é considerada o "mal menor", sinônimo de egoísmo materno.

Não é fácil saber o que as mulheres pensam verdadeiramente da amamentação hoje, quando a ambivalência materna é ocultada. Contudo, parece que se pode distinguir, na França, três categorias de mães. Há aquelas para quem o aleitamento é uma

---

67. Em razão de, na Grã-Bretanha, as mães também não amamentarem tempo suficientemente longo, e as mães mais instruídas e favorecidas amamentarem mais que as outras, Geoff Der realizou sua pesquisa nos Estados Unidos. Os resultados desfizeram o mito nascido em 1929. A pesquisa, que envolveu exatamente 5.475 crianças (não prematuras) e suas 3.161 mães (das quais algumas tiveram gêmeos), durou 15 anos, de 1979 a 1994.
68. O relatório da Academia de Medicina (março de 2009), embora bem prudente, continua a exaltar o papel do aleitamento no desenvolvimento intelectual da criança (p. 4) e se contenta em citar um estudo de 2001 sobre 208 recém-nascidos, acrescentando, sem outro comentário: "G. Der põe em dúvida o efeito do leite materno sobre o desenvolvimento intelectual", p. 5.
69. Linda Blum, *At the Breast, op. cit.*, p. 45-50.

evidência, uma experiência insubstituível de plenitude e felicidade. O início foi fácil, e o sucesso quase que imediato. Embora se queira fazer acreditar que toda mãe, bem aconselhada, pode chegar ao mesmo resultado, essas mulheres continuam sendo uma minoria. São elas que amamentam por mais de dois meses, e recorrem, se trabalham, à bomba de extração de leite. No outro extremo, quase 40% das mães ainda se recusam a tentar a experiência. A imagem da mãe amamentadora não as tenta, tampouco o contato 24 horas por dia com o bebê. Como é difícil exibir um egoísmo tão monstruoso, é provável que, ao longo dos anos e das pressões, um número crescente delas tente a experiência, pelo menos enquanto estiverem na clínica. Essa terceira categoria de mães, que começam a amamentar na maternidade e param pouco depois da volta a casa, raramente invoca a falta de desejo de aleitamento, ou mesmo a repugnância a ele. Elas falam do esgotamento, da dor nos mamilos rachados, das horas passadas esperando o bebê estar finalmente saciado etc. Elas tentaram, mas isso não funciona para elas. Os militantes do aleitamento respondem em coro que nenhum desses motivos é admissível, e que todas as mulheres podem conseguir. Eles simplesmente riscaram a realidade da ambivalência maternal.

Contudo, algumas adeptas da LLL não hesitam em denunciar "a maternidade apanhada na armadilha do politicamente correto"[70] e de todos esses manuais práticos que divulgam imagens exageradamente otimistas sobre a maternidade, sem dizer

---

70. Éliette Abécassis, Caroline Bongrand, *Le Corset invisible*, op. cit., p. 90-91.

uma palavra sobre a outra face da moeda: o fim da liberdade, e o bebê guloso e déspota que devora a mãe. "Se ele é uma felicidade, é também um tornado devastador." Outras reclamam de não serem mais do que "uma refeição ambulante",[71] ou um "bico gigante".[72] Em resumo, de se terem transformado em um "ecossistema" leiteiro e de ter perdido a condição de sujeito dotado de desejos e vontades.[73] Reivindicações que não têm lugar na literatura do pró-aleitamento. O que é bom para uma é bom para todas. Embora alguns psicólogos e psicanalistas[74] protestem contra a concepção de maternidade-reflexo e de ilusão de adequação perfeita entre a mãe e a criança, que pode ser devastadora, não é mais tempo dessas nuances. A injunção subjacente à nova ideologia dominante é: "Mães, vocês lhes devem tudo!"

---

71. Élisabeth W. Tavarez, "La Leche League International: Class, Guilt and Modern Motherhood", *New York State Communication Association*, 2007, p. 3.
72. Expressão emprestada de Marie Darrieussecq, *Le Bébé*, *op.cit.*, p. 23.
73. Glenda Wall, *op. cit.*, p. 603-604.
74. Ver especialmente Lyliane Nemet-Pier, *Mon enfant me devore*, 2003, que compromete o mito da harmonia familiar, e Marie-Dominique Amy, que trabalha com crianças autistas. Em *Construire et soigner la relation mère-enfant*, 2008, ela escreve: "Acho inteiramente condenável não respeitar as escolhas maternas quanto ao modelo nutricional. Pode-se, na maternidade, conversar com as mães sobre as vantagens e desvantagens do aleitamento ou da mamadeira. Mas impor o seio a algumas mães que não o desejam chega ao absurdo, pode colaborar para o início de um relacionamento desequilibrado ou mesmo ansiogênico entre mãe e bebê. É uma vergonha para nós contribuir por vezes para instaurar uma culpa que é sempre má conselheira!", p. 36-37.

CAPÍTULO IV

O império do bebê

Ironia da história: é no momento em que as mulheres do Ocidente conseguem finalmente se livrar do patriarcado que elas encontram um novo senhor na casa! De fato, como continuar a falar do poder do pai quando ela detém o domínio absoluto da procriação e pode assumir sua independência financeira? No entanto, trinta anos depois, é forçoso constatar que a dominação masculina permanece. Embora a resistência dos homens ao modelo igualitário seja indiscutível, ela não é suficiente para explicar a situação. Os deveres crescentes em relação ao bebê e à criança pequena revelam-se tão coercivos, se não mais, do que a perpétua guerra dos machos na casa ou no lugar de trabalho. Pode-se bater a porta na cara de uns, mas não de outros. Essa suave tirania dos deveres maternos não é nova, mas se acentuou consideravelmente na volta com toda a força do naturalismo. O maternalismo tão defendido ainda não engendrou nem matriarcado, nem igualdade dos sexos, mas antes uma regressão da condição das mulheres. Regressão consentida em nome do amor que se tem pelo filho, do sonho da criança perfeita e de uma escolha moralmente superior. Fatores bem mais eficazes que as coerções externas. Todos sabem: nada vale a servidão voluntária! Nessa transformação do modelo materno, os homens não tiveram que mexer um dedo. É o inocente bebê – à sua revelia – que se tornou o melhor aliado da dominação masculina.

A mãe antes do pai

Como parece distante o tempo em que se abençoava a mamadeira que prometia a divisão dos papéis parentais desde o nascimento! Na França, onde 40% dos casais continuam a utilizá-la, ela simboliza uma espécie de resistência em relação aos novos cânones. Demos graças à diva inconteste dos guias de puericultura, Laurence Pernoud, por ter mantido a escolha entre aleitamento e mamadeira.[1] Esta, diz ela, é uma oportunidade de contato suplementar entre o pai e seu bebê, e alivia algumas mães. Afirmações que parecerão iconoclastas aos aiatolás do aleitamento no seio. Estes desenvolveram uma concepção do papel parental muito tradicional, e até mesmo temperada com uma pitada de modernismo. É a de La Leche League, exposta nos anos 1960: "O pai deve apoiar e encorajar a mãe a aleitar seu bebê completamente. Ele deve privilegiar a vida familiar mais do que o sucesso profissional, passar mais tempo com o filho e assumir sua parte nas tarefas domésticas."[2] Frases repetidas nos mesmos termos pelos

---

[1]. Desde o final dos anos 1970 até a última edição de 2008, *J'élève mon enfant* apresenta os dois modos de alimentação com suas respectivas vantagens. Mesmo que se perceba a preferência da autora pelo aleitamento, a mamadeira não é de modo algum estigmatizada.
[2]. *The Womanly Art of Breastfeeding*, 1963, p. 116.

pediatras midiáticos T. Berry Brazelton, nos Estados Unidos, e Edwige Antier, em Paris.

Nesse ínterim, os jovens casais dos anos 1970-1980 experimentaram, graças à mamadeira, uma divisão de papéis diferente. A mamadeira era mais propícia à liberdade de movimentos da mãe, que podia sair de casa, dormir à noite ou retomar a vida profissional com mais tranquilidade. Esses pais alimentadores, por vezes chamados de "papai-galinha", tiveram um papel importante no movimento para a liberação das mulheres, ajudando-as a conduzir suas diferentes vidas.[3] Embora não fossem legião e fossem frequentemente ridicularizados, e embora a mídia de então tenha por vezes exagerado sua importância, foram eles, de algum modo, que modificaram a imagem tradicional do pai. Dar mamadeira, trocar fraldas, banhar a criança, todos esses gestos "femininos" podiam, pois, ser realizados pelos homens sem que aí se visse uma ofensa à virilidade ou abandono dos bebês pelas mães. Evidentemente, esse intercâmbio de papéis não convinha aos defensores do aleitamento e do instinto materno.

A partir de meados dos anos 1990, ao recolocar o aleitamento em destaque na cena francesa,[4] insulta-se o novo pai e redefine-se o seu papel:

---

[3]. Alguns desses pais se consideraram enganados por ocasião do divórcio, quando suas esposas não quiseram ouvir falar em lhes deixar a guarda do filho, nem mesmo a guarda compartilhada, quando esta foi instituída em 2002.
[4]. Dra. Marie Thirion, *L'Allaitement de la naissance au sevrage*, 1994, reeditado em 1999 e 2004. Dra. Edwige Antier, *Attendre mon enfant aujourd'hui*, 1999.

Se a corrente ideológica a favor dos "novos pais" destaca com razão a importância da participação do pai nos encargos [tributo pago à modernidade!], faço questão de explicar que o lugar do pai está longe de se reduzir a uma "duplicata da mãe". Tal concepção parece, contudo, ter se tornado popular, caso eu acredite nas afirmações de algumas mães. [...] O sonho de um bebê não é ter duas mães, mas o de se aconchegar nos braços de sua mãe e sentir o pai cercar a ambos com sua presença protetora. É preciso parar de querer a qualquer preço converter os pais em pais maternais. Essa *tendência atual* é inteiramente *ridícula e despropositada*. *O papel do pai é proteger a mãe, valorizá-la* como mãe e como mulher. É preciso que cada um tenha seu lugar. Para a criança, o melhor dos papais é aquele que ama e protege... a mamãe![5]

O pai está presente nos primeiros meses para liberar a mãe do trabalho doméstico [bravo!], para brincar com o bebê, "fazer a mãe recuperar sua feminilidade [...] oferecer um buquê de flores, tomar conta do bebê enquanto a jovem mãe vai ao cabeleireiro, dizer como ele a acha bonita..."[6] Se o pai tem vontade de dar uma mamadeira e "maternar" um pouco o bebê, é preciso dizer que é inútil. "Deixando claro: a mamadeira pode ser dada à noite para tranquilizar... o papai."[7]

---
5. Edwige Antier, *Éloge des mères*, op. cit., p. 119. Grifo nosso.
6. Edwige Antier, *Vive l'éducation!*, op. cit., p. 44-45.
7. Edwige Antier, *Confidences de parents*, 2002, p. 55.

Essa concepção do aleitamento exclusivo nos seis primeiros meses significa simplesmente manter o pai afastado do par mãe-filho. Ele é um chato, um "separador". Ele não tem que se imiscuir nessa relação de fusão. Quanto à mãe que amamenta a pedido dia e noite, ela deve dar prova de uma "disponibilidade absoluta. [...] Isso mesmo; nos primeiros meses, a mãe é escrava de seu bebê".[8] Como as mesmas recomendam o aleitamento misto até os 2 anos, a mãe ideal não está prestes a recuperar a liberdade! Essa anulação do pai em proveito da mãe não tem como única consequência revigorar o modelo do casal patriarcal; é também uma justificativa inesperada – depois de vinte anos de militância feminista – para todos os pais não apaixonados por seus recém-nascidos! Uma vez que o bebê volta a ser problema exclusivo da mãe, o pai exime-se de culpa e vai tratar de seus negócios. Se se acrescenta que Edwige Antier – bem como todos os adeptos da LLL – aconselha vivamente as mães a permanecerem perto do filho até a idade de 3 anos,[9] estas podem dizer adeus às ambições profissionais. Caso elas tenham um segundo filho no intervalo, mamãe ficou em casa para sempre.

Militantes encarniçados do aleitamento, porém mais sensíveis que quaisquer outros à promoção da igualdade dos sexos, os países escandinavos inauguraram uma política familiar sem precedente, com o objetivo de impedir que as mães de crianças

---

8. *Ibid.*, 2002, p. 52 e 60.
9. Edwige Antier, *Éloge des mères, op. cit.*, p. 95.

pequenas sejam penalizadas profissionalmente. Na Suécia, desde 1974, o governo de Olaf Palme substitui a licença-maternidade por uma licença parental remunerada a ser dividida entre o pai e a mãe. Atualmente, ela pode se prolongar em um total de 16 meses para um casal, ou seja, 480 dias, dos quais 390 indenizados em 80% do salário (e dois meses em 90%), com um teto de 2.500 euros mensais. O pai deve obrigatoriamente tirar um mês, do contrário este é deduzido da duração total acordada. Além disso, uma licença-paternidade foi acrescentada em 1980. Ela dá direito a dez dias suplementares com 80% do salário pagos, mas com um teto.[10] Essa política audaciosa, porque integra igualmente o pai e a mãe na educação dos filhos, não acarretou problemas: "75% dos pais utilizam toda ou parte da sua licença-paternidade, mas apenas 17% recorrem à licença parental".[11] Se verificarmos com atenção, não é certo que a Suécia, considerada modelo para o mundo todo, tenha conseguido conciliar maternidade e igualdade dos sexos ou mesmo diminuir a desigualdade salarial entre homens e mulheres.

---

10. A Dinamarca e a Noruega são igualmente generosas. Na Dinamarca, a licença parental é de um ano e o pai tem uma licença específica de duas semanas. A Noruega oferece a licença-paternidade mais longa da Europa: quatro semanas. A licença de parentalidade é de um ano, do qual 42 semanas têm reembolso de 100% do salário.
11. *Courrier Cadres*, n. 28, março de 2009. Observa-se, porém, um leve progresso: em 1999, apenas 11,6% dos pais tiravam licença parental. *Libération*, 7-8 de fevereiro de 2009, refere-se a 22% de pais.

O bebê antes do casal

Casada, em união estável ou concubina, a mãe deve priorizar o bebê em vez do pai.

O aleitamento a pedido, dia e noite, tal como é aconselhado, tem duas consequências pouco propícias à relação do casal. Não apenas o seio materno pertence ao bebê durante meses, mas também a cama da mãe. A LLL faz uma cruzada a favor do "cododotage"[12] [de *cododo*: dormir com o bebê], julgado benéfico para o bebê. Não apenas "*cododo* e aleitamento materno estão juntos",[13] como também seria a fonte de muitas vantagens para a criança. Seus mal-estares, dirão, são mais raros quando ele dorme na cama com os pais:

> Ele precisa ouvir mamãe se mover, papai roncar [?]: é isso que estimula sua vigilância e encurta suas pausas respiratórias. Privar seu filho da segurança que lhe traz o *co-sleeping* não deixa de ter consequências para a sua vida psíquica. Deixar um bebê chorar para dormir, ou quando acorda, é uma atitude extremamente cruel, pelo menos *até os 4 anos*.[14]

Além dos benefícios psicológicos, o *cododo* seria a melhor prevenção contra alguns riscos:

---

12. Tradução do inglês *co-sleeping*.
13. Claude-Suzanne Didierjean-Jouveau, *Partager le sommeil de son enfant*, 2005, p. 49.
14. *Ibid.*, prefácio de Edwige Antier, p. 8 e 9. Grifo nosso.

Não mais sono leve, não mais despertar simultâneo mãe/filho, aumento do número e da duração de mamadas noturnas, muito mais contato físico mãe/filho, quatro vezes mais verificações maternas – todas as vezes que a mãe, sem mesmo perceber ou acordar, verifica se a criança está bem, se sente frio ou calor, repõe uma coberta ou a retira etc.[15]

Aliás, cita-se um estudo neozelandês de 1996 que teria mostrado um risco reduzido de SMSL (síndrome da morte súbita do lactente) para os bebês que dormem no quarto dos pais pelo menos até os seis meses: assim se evitaria 1/4 de mortes súbitas. Mas dormir no quarto não é dormir na cama dos pais, prática que, segundo um artigo publicado no *Lancet* em 2004, aumentaria, ao contrário, o risco da SMSL, conclusão contestada pelos defensores do *cododo*.[16]

Se se compreende muito bem a vantagem do *co-sleeping* para a mãe, que não tem de se levantar várias vezes à noite para amamentar e pode fazê-lo ainda meio adormecida, a questão permanece para a criança de 3 ou 4 anos. Psicopediatras e psicanalistas estão divididos. Uns lembram que é uma prática corrente em muitas civilizações, e que não tem consequência patológica. Marcel Rufo, muito hostil, finalmente concordou, desde que seja uma solução temporária para acalmar a ansiedade do bebê. Outros são ferozmente contra. Assim é que Claude Halmos pensa que não é tanto do corpo a corpo fusional com a mãe que o bebê

---
15. *Ibid.*, p. 46-47.
16. *Ibid.*, p. 47-48.

precisa, mas de seu carinho e de suas palavras. Os dois se unem para destacar o perigo dessa prática para o casal. Rufo teme que ela expulse o pai do leito conjugal para exilá-lo na sala, e Claude Halmos observa que a criança que dorme colada à mãe "é de imediato lançada em um sistema em que a existência dos pais enquanto casal, separado da criança, não é levada em consideração. Portanto, ela [a criança] não está em seu lugar".[17]

Essas dúvidas freudianas não impressionam nem um pouco os defensores do *cododo*. Nas palavras de Edwige Antier,

> muitos pais não ficam contrariados porque o bebê dorme na cama do casal. Quanto ao desejo sexual, ele de fato com frequência custa a voltar na mãe, inteiramente investida de seu papel junto à criança. Mas isso voltará à medida que ela se sentir compreendida pelo marido, que a ajudará a se tornar segura de sua competência materna, que reconhecerá seu poder de sedução, que a ajudará a recuperar sua forma, que lhe oferecerá flores... e continuará a tomá-la nos braços, incluindo o bebê, para dormir.

E, concluindo: "É um período difícil da vida, porém breve. No entanto, quando os pais sabem que quanto mais o bebê mama a pedido, mais esperto ficará, essa informação lhes dá uma coragem formidável para esperar com paciência."[18]

---

17. *Elle*, 6 de junho de 2005, entrevistas de Marcel Rufo e Claude Halmos sobre o *co-sleeping*.
18. *Confidences de parents, op. cit.*, p. 51, 52-53.

Esperar com paciência por quanto tempo? Todos sabem que a chegada de uma criança causa uma revolução no corpo da mulher, que se afasta da sexualidade, por razões fisiológicas e psicológicas. As primeiras apagam-se com o tempo; as segundas, por vezes, mais dificilmente. A criança também opera uma verdadeira transformação na vida do casal. Nada é mais antitético ao casal de namorados do que eles próprios na função de pais. Mesmo que não se durma com a criança, não é fácil passar de um papel para o outro. Se a mãe amamenta durante meses ou mesmo anos, o que sobra para a intimidade do casal e sua sexualidade? Tanto que nem sempre é fácil distinguir o seio nutridor do objeto sexual. A mãe que amamenta sente prazer, mas ela não é mais necessariamente objeto de desejo para o pai que a olha. E conhecemos inúmeras jovens mães que confessam ingenuamente que o casal que elas formam com o filhinho lhes basta, que elas não têm nenhuma vontade de retomar a vida sexual. A mãe faz desaparecer, então, a namorada e põe o casal em perigo.

Éliette Abécassis cita várias vezes esse tema em seu romance. Notadamente quando de uma reunião de grupo na LLL:

> Meu bebê dorme comigo. Aliás, eu até pedi ao meu companheiro que dormisse na sala porque não há bastante lugar para nós três.
>
> — Ainda bem! [respondem em coro as mulheres da League.] Agora, você poderia nos contar sua experiência?
>
> — Minha experiência... Desde que tenho um bebê, não tenho mais vida conjugal, não durmo mais, não lavo mais os ca-

belos, não leio mais, não vejo mais os amigos. Está certo, eu me tornei mãe. Mas eu não sabia que uma mãe era somente mãe. Eu ignorava que seria preciso abdicar de todos os outros papéis, que seria preciso renunciar à sexualidade, à sedução, ao trabalho, ao esporte, ao corpo, ao espírito. Eu ignorava que seria preciso renunciar à vida. [...]

Todos os olhares convergiram para mim como se eu fosse uma assassina, ou pior, uma mãe indigna.[19]

A heroína volta várias vezes à LLL e se torna a boa mãe amamentadora que organiza a vida em torno do aleitamento:

Isso me dava tal satisfação, uma satisfação tão intensa em dar, tão fusional, tão completa, que eu não tinha necessidade de mais nada. Não tinha mais necessidade de fazer amor com meu companheiro. [...] Eu vivia momentos de graça em que meu desejo e o desejo da criança coincidiam, e eu me pegava lhe dando o seio porque eu tinha vontade, dando o seio como se faz amor, e com isso me descobri inteira, como antes, como há muito tempo...[20]

O casal desse romance não se recupera mais porque se separa. Essa experiência extrema não tem força de lei, longe disso. Alguns dirão que esse casal romanesco era bem pouco sólido por não ter sabido reatar os laços do desejo. Mas não basta pe-

---

19. *Éliette Abécassis, Un heureux événement, op. cit.*, p. 78-79.
20. *Ibid.*, p. 79-80.

dir ao pai que tenha paciência; é preciso ainda que a mãe não se deixe devorar pelo filho a ponto de aniquilar seus desejos de mulher. Ora, isso nunca está em questão entre os defensores da maternidade radical. Existe apenas a mãe, porque somente a criança é essencial. A fragilidade do casal e a importância da sexualidade que o sustenta são silenciadas.[21] Existe aí como que a lembrança dos séculos passados, quando o casal não se baseava no amor e quando não se separava, não importando o que acontecesse! Vale dizer, um ideal de vida familiar em completa contradição com as aspirações da maioria dos homens e mulheres do século XXI.

A criança antes da mulher

Os anos 1970 foram marcados pelo grito reivindicador das mulheres: "Primeiro eu!"[22] Ele se dirigia prioritariamente aos homens, mas também aos seus filhos. Encorajadas a falar sobre o grande tabu da ambivalência, e até mesmo sobre a alienação materna, as mães ofereceram inúmeros testemunhos a respeito.[23] Despejavam-se obras e declarações que diziam publicamente o que hoje se confidencia no consultório do psicólogo.[24] Mesmo

---

21. De acordo com um estudo de psicólogos da Universidade de Denver (Estados Unidos), que trata de 218 famílias, 90% dos jovens pais constataram uma degradação das relações com o cônjuge depois do nascimento do primeiro bebê. Ver *L'Express*, 30 de abril de 2009.
22. Título do livro de Katherine Pancol, publicado em 1979.
23. *Elisabeth Badinter, Um amor conquistado, op. cit.*, p. 255-263. Ver também *Maternité esclave*, 10/18, 1975.
24. Lyliane Nemet-Pier, *Mon enfant me dévore*, 2003.

que essas reivindicantes constituíssem apenas uma minoria, elas dessacralizavam a maternidade, davam vida aos desejos femininos e retiravam a culpa de todas aquelas, silenciosas, que não se incluíam entre elas.

Quarenta anos depois, a ideologia naturalista não permite mais esses excessos, especialmente porque a criança não é mais fruto do acaso ou de um "acidente", mas resultado de uma escolha livremente consentida. A criança desabrochada com que todos sonham exige uma mãe disponível, que organize sua vida em função dela. O "Primeiro eu" da geração das mães, aos poucos, deu lugar ao "Primeiro a criança", proclamado por suas filhas.

Do leite ao tempo

Defender o aleitamento a pedido, pelo tempo que a criança desejar, significa simplesmente privar a mulher de um tempo para si. Quando a isso se acrescenta que a sua presença perto da criança até os 3 anos é a melhor garantia para o seu desenvolvimento, entendemos que todos os outros interesses são secundários e moralmente inferiores. O ideal constituindo-se em fazer suceder o face a face ao corpo a corpo. Embora o modelo seja inacessível a inúmeras mulheres que não podem se dar ao luxo de ficar em casa, e seja indesejável a inúmeras outras, pelo menos se impôs. Nas mentes e nas práticas.

A virada ideológica foi perceptível com a geração das mulheres que fizeram 20 anos em 1990. Filhas de mães feministas, militantes ou não, elas procederam ao clássico acerto de contas das filhas em relação às mães. Depois dos agradecimentos de praxe pela contracepção e o aborto, vem a constatação de uma derrota. Derrota das mães que as filhas não querem imitar e que se pode assim resumir: vocês sacrificaram tudo pela independência e, em lugar dela, assumem a jornada dupla de trabalho, são subestimadas profissionalmente e, no final das contas, são derrotadas em todas as frentes. Nessa crítica, o rótulo de "feminista" é rejeitado, como se apresentasse uma imagem desagradável das mulheres. A nova geração assumiu os estereótipos machistas mais gastos: aqueles que associam as feministas à histeria, à agressividade, à virilidade e ao ódio dos homens. O julgamento foi sem apelação: velharia. Mas por detrás da rejeição do feminismo se escondia outra crítica, mais íntima em relação às mães: a da concepção que tinham da maternidade. Talvez se possa compreender assim: você sacrificou tudo pela independência, inclusive a mim. Você não me deu bastante amor, bastante cuidado, bastante *tempo*. Sempre apressada, frequentemente cansada, você acreditou que a *qualidade* do tempo que você me dedicava valia mais do que a *quantidade*. Na verdade, eu não era a prioridade de suas prioridades e você nunca foi uma boa mãe. Não repetirei isso com meus filhos.

Injusto ou não, a condenação das mães pelas filhas é uma constante que a psicanálise conhece bem: leite insuficiente, tempo insuficiente... Mas, pela primeira vez, as mães criticadas eram as que tinham lutado pela independência das mulheres! Pouco a pouco, mães por sua vez, as filhas falaram menos de sua liberdade, de suas ambições pessoais e até mesmo de paridade de salários. A prioridade concedida à criança ordenava que se pusessem essas reivindicações em surdina. Em compensação, ouviu-se cada vez mais falar em necessidade de "negociar", "conciliar" o tempo do trabalho e o da maternidade. Essa virada realizada em período de crise econômica foi acelerada pelo desemprego em massa que experimentavam todos os países ocidentais. O Salário-família para a Educação (em francês, Allocation Parentale d'Éducation [APE]), estendido em 1994,[25] provocou a retração maciça das mães de crianças pequenas, notadamente entre as menos qualificadas. No outro extremo da escala social, aconteceu de mulheres particularmente bem formadas, notadamente nas profissões liberais, voltarem para casa quando se tornavam mães. Em 2003, o *New York Times*[26] declarou que assistimos a uma "opt-out revolution" segundo a qual as profissionais de alto nível prefeririam cada vez mais abandonar o trabalho para ficar perto dos filhos.[27] O mais das vezes, aquelas cujos companheiros eram capazes de prover adequadamente as necessidades da fa-

---

25. A APE remunerou os pais que paravam de trabalhar para cuidar do filho até os 3 anos com teto de meio salário mínimo. Em 98% dos casos, tratava-se da mãe.
26. Lisa Belkin, "The Opt-out Revolution", *New York Times Magazine*, 26 de outubro de 2003. Ver também *Elle*, 20 de outubro de 2008: "Quand la *superwoman* rentre à la maison".
27. Vinte e dois por cento das mães diplomadas da universidade; 33% das que, tendo um MBA, trabalhavam em tempo parcial; e 26% aproximando-se do *top management* não queriam ser promovidas. O artigo observa também que 57% das mães diplomadas de Stanford em 1981 ficavam em casa pelo menos um ano.

mília. Porque, para todas as mães solteiras ou divorciadas, não há escolha.

Ainda é cedo para sabermos se esses novos comportamentos são uma verdadeira revolução. Por enquanto, as estatísticas do trabalho feminino não são perturbadoras. Em compensação, a ideia de que a mulher pode ser boa mãe e simultaneamente desenvolver uma bela carreira é combatida. Atualmente, é de bom-tom dizer que se privilegiam as crianças e o tempo prolongado da maternidade. O resultado está aí: assiste-se ao aumento crescente do trabalho feminino em tempo parcial. Ao lado de todas as que se submetem, obrigadas por seus empregadores, um número cada vez maior de mães, menos desfavorecidas, fazem essa escolha para atender ao critério de boa mãe. A consequência é a estagnação da desigualdade salarial entre homens e mulheres ou até mesmo seu ligeiro aumento.

Volta ao modelo sueco

Não há dúvida de que a Suécia fez consideráveis esforços para resolver a quadratura do círculo: conciliar maternidade e carreira, criando condições de igualdade profissional entre os sexos. Além das licenças parentais que absorvem 40% das despesas de sua política familiar, a flexibilidade do tempo de trabalho para os pais das crianças de menos de 8 anos[28] e licenças para cuidar de um filho doente, a Suécia oferece vagas em creches que substituíam

---

28. Eles podem diminuir o tempo de trabalho em duas horas diárias (com o salário pago proporcionalmente).

os pais depois de suas licenças.[29] Em resumo, o modelo sueco está na vanguarda das políticas familiares europeias.

Para alcançar que resultados?

Sabe-se que os pais estão a reboque do pedido de licenças parentais (menos de 1/5), mas eles progridem lentamente. Quanto às mães, 60% delas retomam o emprego depois da licença, mas três a cada cinco optam pelo tempo parcial.[30] Contudo, somente com a publicação, em 1996, do livro de Catherine Hakim, *Key issues in women's work*,[31] tem-se maior clareza. Essa professora de sociologia, especialista em trabalho feminino na Europa, vem acabar com nossas ilusões. Ela demonstra que a política familiar sueca não é tão propícia à igualdade dos sexos como se pensa. Favorável à natalidade, ela o é infinitamente menos à carreira das mulheres. Ao examinar todos os habituais critérios que avaliam a igualdade profissional, percebe-se que a Suécia não obtina melhor resultado que a Inglaterra ou a França.

Primeiramente, observando-se as estatísticas salariais, constata-se que há um teto abaixo do qual 80% das mulheres são pagas, e acima do qual 80% dos homens. A razão principal é que 75% das suecas trabalham no setor público, o menos qualificado do mercado de trabalho, enquanto 75% dos suecos estão no se-

---

29. As crianças amamentadas não vão para a creche antes de 1 ano.
30. *Courrier Cadres*, março de 2009, n. 28. Hélène Périvier, "Emploi des mères et garde des jeunes enfants en Europe", Revista do OFCE, julho de 2004. Ela observa que, se as mães suecas permanecem ativas (com uma longa licença-maternidade), elas reduzem o tempo de trabalho, em média (em um ciclo de vida), em 17 horas por semana.
31. Glasshouse, Londres, reeditado em 2004.

tor privado, mais difícil e exigente. Segundo Catherine Hakim, quanto mais o Estado ampliou sua política familiar, menos as companhias privadas se inclinaram a empregar mulheres, por não poderem, dizem elas, pagar o preço das generosas licenças-maternidade. Em seguida, as barreiras invisíveis não são menos cruéis para as suecas do que para todas as outras: elas compunham apenas 10% dos quadros dirigentes, conquanto já fossem 11% nos Estados Unidos. Finalmente, se se considera a desigualdade salarial, critério último da igualdade dos sexos, percebe-se que as suecas, no total, recebiam, no início dos anos 2000, 20% a menos do que os suecos, como na França ou na Inglaterra.[32] Catherine Hakim, que não acredita nas virtudes igualitárias das longas licenças parentais, destaca que, nos países em que a política familiar é menos generosa, a desigualdade salarial pode ser menor. Ela cita a Itália, onde ela é de apenas 15%; a Espanha, de 12%; e a Bélgica e Portugal, de 8%. Ela deixa de apontar que, nos três países mediterrâneos, a natalidade caiu dramaticamente...

No momento atual, nenhuma política familiar se revelou verdadeiramente eficaz no que concerne à igualdade entre homens e mulheres. A divisão do trabalho entre cônjuges é sempre desigual em todos os países, inclusive os escandinavos. As respon-

---

32. As estatísticas referentes à desigualdade salarial na Suécia são raras. O Observatório das Desigualdades, no entanto, publicou (com base nos dados de 2005 da Eurostat) um quadro dos salários anuais na indústria e nos serviços (exceto a administração pública) de tempo integral, o que demonstra que a desigualdade salarial entre os suecos e as suecas era de 23,1%, enquanto para os belgas era de 15,5%, para os poloneses, de 21%, e para os franceses, de 21,6%. Ver *Les inegalités de salaire hommes-femmes en Europe*, 30 de janeiro de 2008.

sabilidades cada vez mais pesadas que recaem sobre as mães só agravam a situação. Apenas a divisão dos papéis parentais desde o nascimento do bebê poderia frear essa tendência. Ora, é o caminho inverso que tomamos em nome do bem-estar da criança. Os mais machistas dos homens podem se alegrar: o fim de seu domínio não está próximo. Eles ganharam a guerra subterrânea sem pegar em armas, sem dizer sequer uma palavra. Os defensores do maternalismo encarregaram-se disso.

Terceira parte

De tanto superestimar

Em cada cultura, existe um modelo ideal de maternidade predominante que pode variar segundo as épocas. Conscientemente ou não, todas as mulheres o carregam. Elas podem aceitá-lo ou contorná-lo, negociá-lo ou rejeitá-lo, mas é sempre em relação a ele que, em última instância, são definidas.

Atualmente, o modelo é mais exigente que nunca. Mais ainda do que há vinte anos, quando já se notava o aumento dos deveres maternos: "Eles não se reduziam apenas aos cuidados corporais e afetivos; implicavam também uma atenção escrupulosa com o desenvolvimento psicológico, social e intelectual da criança. A maternidade, mais que no passado, representa um trabalho em tempo integral. Espera-se hoje que as mães dediquem a duas crianças tantos 'cuidados' quanto antigamente eram necessários para seis."[1] Como, por outro lado, o ideal feminino não abrange o modelo de maternidade, e a realização

---

1. Michelle Stanworth (org.), *Reproductive technologies: gender, motherhood and medicine*, 1987, p. 14. Carolyn M. Morell observa que a situação das mães piorou ainda mais. Com as mudanças surgidas na vida profissional e nas estruturas familiares, as responsabilidades das mulheres em termos de cuidados devidos aos filhos são definidas de modo mais exigente que no passado. Essas responsabilidades continuam a aumentar, tornando-se mais pesadas.

pessoal é a motivação dominante de nosso tempo, as mulheres encontram-se no centro de uma tripla contradição.

A primeira é social. Enquanto os defensores da família tradicional desaprovam as mães que trabalham, a empresa censura os repetidos partos. Pior ainda, a maternidade é sempre considerada a mais importante realização da mulher, ao mesmo tempo que é desvalorizada socialmente. As mães em tempo integral são sub-remuneradas, privadas de identidade, porque sem competências profissionais, e forçadas a responder a esta pergunta: "O que você faz no seu dia a dia?" Em uma sociedade em que a maioria trabalha, aquela que fica em casa ou faz dos filhos sua prioridade, corre o risco de ser rotulada de "desinteressante".

A segunda contradição diz respeito ao casal. Como vimos, a criança não favorece a vida amorosa. O cansaço, a falta de sono e de intimidade, os constrangimentos e os sacrifícios que a presença de uma criança impõe podem esmorecer a relação de um casal. As separações nos três anos que se seguem ao nascimento são bem conhecidas. Embora, hoje em dia, muitas jovens mães confessem espontaneamente terem descoberto apenas posteriormente a dificuldade de seu papel[2] ("Ninguém me preveniu", dizem elas), outras, cada vez mais numerosas, pensam duas vezes antes de se aventurar.

Mas a contradição mais dolorosa reside no íntimo de cada mulher que não se confunde com a mãe. Todas as que se sentem

---

2. Ver os romances e ensaios de Marie Darrieussecq, Nathalie Azoulai, Éliette Abécassis e Pascale Kramer.

divididas entre o amor pelo filho e os desejos pessoais. Entre o indivíduo egoísta e o que quer o bem-estar de seu pequenino. A criança concebida como fonte de realização pode, portanto, revelar-se um obstáculo a esse indivíduo.[3] É certo que, de tanto superestimar os deveres maternos, a contradição torna-se ainda mais aguda.

Atualmente, essas contradições são raramente levadas em consideração. A ideologia naturalista não só não oferece qualquer resposta, como também as torna cada dia mais insuportáveis, ao exigir das mães sempre mais. É verdade que nem todos os países sofrem do mesmo mal, pois a história e as tradições pesam muito. Conforme se identifiquem mais ou menos intensamente a mulher e a boa mãe, duas tendências se revelam. Onde a analogia é o modelo dominante, aquelas que não se identificam estão cada vez mais inclinadas a dar as costas à maternidade. Onde se faz distinção entre a mulher e a mãe, onde se reconhece a legitimidade dos múltiplos papéis femininos, onde a maternidade é menos pesada, faz-se com que as mulheres desejem ser mães, reservando-se o direito de dar as costas ao modelo ideal.

---

3. Como observou com perspicácia Lyliane Nemet-Pier, a criança tornou-se um ser muito precioso, mas que não deve incomodar. *Op. cit.*, p. 12.

CAPÍTULO V

A diversidade das aspirações femininas

Em nossos dias, as mulheres são confrontadas com novas perguntas: em que atividade me realizarei melhor? Não seria a maternidade o ato mais enriquecedor para mim? Não me realizaria mais em uma carreira profissional? No caso de não querer sacrificar nem uma nem outra, qual delas devo priorizar? Para a maioria, uma vida sem filhos é impensável, mas nem por isso elas estão prontas a sacrificar a independência financeira, a vida social e certo modo de afirmação pessoal. Nos últimos trinta anos, a criança é programada cada vez mais tardiamente. A idade média do primeiro filho gira em torno dos 30 anos, depois dos estudos, adquirida a formação, encontrado um trabalho e um companheiro estável. Tantos pré-requisitos que deixam a criança para mais tarde... ou nunca. Em certos casos, a questão da criança, como disse Pascale Donati, não é rejeitada, mas "desativada".[1] Em outros, mais raros, a criança não tem absolutamente lugar na vida feminina.

---

1. Pascale Donati, "Ne pas avoir d'enfant...", *Dossier d'Études*, n. 11, Allocations Familiales, 2000, p. 22.

A mulher mãe

A vocação materna

É a respeito dessas mulheres que encontram a plena realização na maternidade que se tem costume de falar naturalmente. Elas mesmas a experimentam assim, como revela Pascale Pontoreau:

> Eu logo quis ter filhos. Muitos filhos. Minhas amigas caçoavam gentilmente assim que eu falava desse apelo ruidoso de meu instinto materno. [...] Logo senti que o desejo de filhos era uma quimera, uma emoção perfeitamente irracional escondida em alguma parte, e que era muito difícil de explicar. [...] A lucidez foi posta de lado para dar lugar à gravidez, depois ao encantamento, quando chegou a adorável menininha. [...] Importa apenas o desejo profundo e poderoso, quase intransigente, que me levou ao termo dessa primeira gravidez. Era unilateral, irrevogável, visceral. [...] Percebi que esse primeiro desejo de maternidade não tinha sido fruto de reflexão. Ele se realizara pelo instinto.[2]

Para aquelas dotadas dessa vocação, a plenitude não para no face a face com o lactente. A criança é obra de uma vida porque é uma criação arrebatadora com a qual nenhuma outra pode rivalizar. Velar por ela desde o nascimento, ajudá-la a se desenvolver, etapa por etapa, para ter a alegria e o orgulho de, um dia, ver um adulto realizado não é uma ambição mesquinha. Ao contrário.

---

2. Pascale Pontoreau, *Des enfants, en avoir ou pas, op. cit.*, p. 8-9.

Mas a condição do sucesso – jamais garantido – é que a mãe encontre prazer nisso, e o filho também. É ela quem abandona o trabalho sem hesitar para se tornar mãe "exclusiva",[3] ou "intensiva"[4] recomendada pelos Brazelton ou pelos Antier. As necessidades da criança estão no centro de sua vida, a mãe se compromete profundamente com ela do ponto de vista afetivo e emocional; enfim, dedica-lhe alegremente seu tempo e sua energia.

Essas mães existem, mas não é certo que sejam muitas. Quantas mulheres que voltaram para casa para criar um filho não percebem que se enganaram? Quantas deixaram um trabalho monótono por uma tarefa que elas acreditavam arrebatadora, e que se revela deprimente? Algumas confessam, na intimidade, que experimentam um sentimento de vazio ou de alienação. Mas como sabê-lo, antes de experimentá-lo? E como dizer publicamente que se fez uma escolha ruim? No caso inverso, como curar a tristeza de ser estéril quando se traz em si essa vocação maternal?

A "nulípara"[5]

Tolerada ou escolhida, a "nuliparidade", que identifica a mulher com a mãe, remete à falta e ao inacabado. Algumas a reivindicam, outras não se recuperam dela. Para estas, ser nulípara é ser

---

3. Linda Blum, *op. cit.*, p. 6.
4. Sharon Hays, *The cultural contradictions of motherhood*, 1996, p. 6-9. [*Contradições culturais da maternidade*. Trad. Beatriz Sidou. Rio de Janeiro: Gryphus, 1998].
5. Aquela que nunca deu à luz. Trata-se do título do romance de Jane Sautière, *Nullipare*, Verticales, 2008.

amputada de sua existência e de seu lugar no mundo. Ninguém o exprimiu melhor que Jane Sautière:

> Nulípara. É claro que eu logo entendo "nula". Mas há também "paro", "parte". Uma mulher "nuliparte", não dividida em (entre?) seus filhos, mantida indivisa. Uma mulher de parte alguma, inadmissível quanto à questão das origens (são exatamente as origens que a descendência questiona; como ignorar isso?), vacuidade dos lugares e viuvez da caminhante.
> Nulípara.
> Território e ser.
> Solo e sangue.[6]

A nulípara melancólica não é necessariamente estéril. Os riscos, o acaso das circunstâncias, as oportunidades perdidas podem ter decidido assim. Algumas[7] põem em dúvida esse aspecto involuntário da infecundidade e preferem invocar fatores sociais e econômicos. Se essa explicação pode parecer um pouco apressada, tem o mérito de interrogar a parte sombria dessa não realização. Os psicólogos terão outras interpretações a sugerir além da sociológica, mas, no final das contas, as múltiplas razões invocadas não significam que a criança não é a prioridade das prioridades, e que a mulher não se identifica tão completamente com a mãe quanto ela deseja acreditar?

---
6. *Ibid.*, p. 13.
7. Catherine Hakim, *Work-lifestyle, op. cit.*, p. 51-52.

Diferente é o caso das mulheres (dos casais) estéreis que não se podem resignar à sua condição. Entre elas, quantas autênticas vocações maternas? Essas nulíparas, não por discordância, mas por incapacidade fisiológica ou física, são frequentemente – como as que não *querem filhos* – o alvo dos censores. As que fazem de tudo para ter um filho e as que o recusam são igualmente suspeitas. Exige-se que as primeiras façam das tripas coração, e consideram-se as segundas egoístas ou deficientes que não realizaram seu dever de feminilidade. Nos dois casos, elas estão sujeitas à reprovação pública. Somente o psicanalista poderia trazê-las de volta à razão... O que, para uma, significa aceitar o destino "anormal"; e, para a outra, inclinar-se à norma. Não importa que a mulher estéril possa ser uma mãe excepcional, e a segunda, uma mãe execrável; a sociedade não gosta de entrar nessas sutilezas.

Da recusa ao perpétuo adiamento

Diferentemente da nulípara, que identifica a feminilidade com a maternidade, as mulheres – em número cada vez maior nos últimos vinte anos –, desobrigam-se de ser mãe. O fenômeno não é novo, mas é vivido diferentemente hoje em dia. Há cem anos, um número maior de mulheres não tinha filhos[8] pelo fato de não serem casadas ou de serem estéreis. As religiosas, as serviçais, as muito pobres para se casar etc. formavam um batalhão de não

---

8. Isabelle Robert-Bobée, "Ne pas avoir eu d'enfant...", *France, portrait social*, 2006, p. 184: "Mais de 20% das mulheres nascidas em 1900 não tiveram filho, contra 18% das mulheres nascidas em 1925, e 10 a 11% nas gerações nascidas entre 1935 e 1960".

mães, um destino mais frequentemente padecido do que escolhido. O que nos diferencia dos séculos precedentes não é tanto nossa maior liberdade de ser ou não mãe, mas uma abordagem diferente do destino feminino. Este se confunde cada vez menos com a maternidade, porque outras vias são possíveis e desejáveis. Algumas mulheres o sabem desde o início, outras o percebem ao longo da vida, outras, finalmente, se sentirão incapazes de explicar sua não escolha.

A recusa do filho

Na França, quase 1/3 das mulheres que não tiveram filhos dizem ter feito uma escolha deliberada.[9] É uma pequena minoria que as anglo-americanas chamam de "early articulators". Ao lado daqueles e daquelas que simplesmente confessam não gostar de crianças – sentimento inconfessável ainda há pouco tempo –, podemos distinguir os que evocam o bem da criança dos que privilegiam seu bem-estar pessoal.

Michel Onfray, fervoroso defensor do ideal celibatário, pertence à primeira categoria. Sua conclusão decorre de uma moral "hedonista":

> As crianças, que inicialmente demandam a condição de existir em preferência ao nada, podem legitimamente exigir de seus genitores uma assistência material e também psicológica, ética,

---

9. Pascale Donati, "La non-procréation: un écart à la norme", *Informations Sociales*, CNAF, n. 11, 2003, p. 45. Elas representam 2 a 3% das mulheres.

intelectual, cultural e espiritual durante pelo menos os dois primeiros decênios de existência. Já que a paternidade e a maternidade não são obrigações éticas, mas possibilidades metafísicas, o desejo de pôr no mundo deve, imperativamente, sustentar-se na capacidade e na vontade deliberadas de tornar-lhes a existência o mais digna possível.[10]

Aos que repreendem o egoísmo dos não reprodutores, Onfray responde que talvez ele seja menor que o dos pais:

> Os estéreis voluntários gostam das crianças do mesmo modo, ou até mais, que os reprodutores prolíficos. Quando perguntam a Tales de Mileto por que motivo se absteve de uma descendência, ele responde: "Justamente por amor às crianças". [...] Quem considera o real desejável o bastante a ponto de iniciar o filho ou a filha na morte inelutável, na falsidade das relações entre os homens, no interesse que comanda o mundo, na obrigação do trabalho assalariado, quase sempre penoso e forçado ou mesmo na precariedade e no desemprego? Que pai ingênuo o bastante, tolo e retardado pode amar a esse ponto a miséria, a doença, a indigência, a velhice, a infelicidade que eles oferecem à sua descendência? [...] Teríamos de chamar de amor essa arte de transmitir semelhantes vilanias à carne de sua carne?[11]

---

10. *Théorie du corps amoureux*, 2000; LGF, p. 218. [Ed. port.: *Teoria do corpo amoroso*. Trad. Fernando Caetano. Lisboa: Editora Temas e Debates, 2001].
11. *Ibid.*, p. 219-220.

Mais pragmáticas e individualistas, as muitas anglófonas que se exprimiram sobre esse tema invocam a realização pessoal. Elas alegam a escolha de um estilo de vida. Em sua opinião, a maternidade associa-se a um fardo e a uma perda. Perda da liberdade de movimento, de energia, de dinheiro, de prazer, de intimidade e até mesmo de identidade. A criança é sinônimo de sacrifícios, de obrigações frustrantes ou mesmo repugnantes, e talvez de ameaça à estabilidade e felicidade do casal.[12] Essas mulheres abortam se engravidam e podem pedir para serem esterilizadas.[13] Elas se autodenominaram *childfree*, livres de filho, logo, da maternidade.

Aquelas que deixam para mais tarde

A maioria das jovens mulheres diz com naturalidade que espera se tornar mãe,[14] mas a maternidade não é sua preocupação imediata. Elas têm a impressão de que possuem todo o tempo do mundo e prioridades a serem satisfeitas: ganhar a vida, ter um apartamento, talvez fazer carreira, encontrar o parceiro ideal e com ele tirar proveito de uma liberdade agradável. Formado o

---

12. Rosemary Gillespie, "Childfree and Feminine. Understanding the Gender Identity of Voluntarily Childless Women", *Gender & Society*, vol. 17, n. 17, fevereiro de 2003, p. 122-136.
13. Annily Campbell, *Childfree and Sterilized*, Londres, 1999.
14. Ver os trabalhos das sociólogas Jean E. Veevers (Canadá) e Elaine Campbell (Grã-Bretanha) e da psicóloga Mardy S. Ireland (Estados Unidos), que entrevistaram centenas de mulheres sem filho. Na França, o interesse por essas questões é muito mais recente: ver os trabalhos de Pascale Donati, Isabelle Robert-Bobée e Magali Mazuy.

casal, a decisão de ter um filho pertence aos dois, que devem estar "prontos" juntos.[15] Se uma dessas condições não for preenchida, deixa-se para mais tarde... Como afirma Pascale Donati, "a existência do desejo de filhos nem sempre significa que as condições da decisão de sua chegada estejam preenchidas".[16] Ora, o problema do constante adiamento é o relógio biológico feminino. Se uma mulher tem 75% de chances de ter um filho antes do trintenário, restam-lhe apenas uma em três no início dos 40 anos.

Jean E. Veevers, a primeira a trabalhar com esses casais que se chamam *postponers*,[17] identificou quatro etapas na evolução do desejo ou não desejo de ter filho. A primeira, já referida, é a realização de alguns objetivos prioritários. A segunda é um adiamento para um momento indeterminado. O casal fica cada vez mais indeciso sobre a questão e diz que terá um filho quando se sentir "mais pronto". A terceira etapa é a tomada de consciência, pela primeira vez, da possibilidade de não ter filhos, e o início das conversas sobre as vantagens e os inconvenientes dessa escolha. Finalmente, toma-se a decisão de continuar sem filhos[18] para não

---

15. Magali Mazuy, *Être prêt(e), être prêts ensemble? Entrée en parentalité des hommes et des femmes en France*. Tese de Doutorado em Demografia, defendida em setembro de 2006. Universidade Paris I Panthéon-Sorbonne.
16. "Ne pas avoir d'enfant. Construction sociale des choix et des contraintes à travers les trajectoires d'hommes et de femmes", *Dossier d'Études*, n. 11, Allocations Familiales, agosto de 2000, p. 37.
17. O termo é de Mardy S. Ireland, *Reconceiving Women*, 1993. Pode ser traduzido como: "aqueles que deixam para mais tarde".
18. J. E. Veevers, "Factors in the Incidence of Childlessness in Canada: an Analysis of Census Date", *Social Biology*, 1972, 19, p. 266-274. Ver também *Childless by choice*, 1980.

perturbar uma vida de casal agradável. J. Veevers explica que, na maioria dos casos, a decisão não é tomada de modo explícito. Reconhece-se o processo somente após ter acontecido.

O caso dessas mulheres que vivem uma vida de casal plena não diz respeito apenas a uma parte dos *postponers*. Muitas outras nunca estiveram em condições de tomar uma decisão e se descobrem na menopausa e sem filhos, quase que "por acaso".[19] De fato, existe grande heterogeneidade de experiências de mulheres não estéreis e sem filhos: as "nem desejosas, nem recusantes" para as quais "a questão do filho pôde inicialmente passar para o segundo plano e depois se apagar progressivamente ou emergir de vez em quando sem nunca se ancorar em um projeto";[20] as que gostariam de ter sido mães, mas não encontraram o homem adequado, ou encontraram-no tarde demais, ou romperam uma união cedo demais; finalmente, as que se pensam vítimas das circunstâncias da vida que as impediram de concretizar seu desejo. Porém, ainda que se invoquem os motivos psicológicos, sociais ou econômicos, "tudo acontece como se, desde que a criança perdeu o suporte da evidência que o casamento lhe conferia, forças imperceptíveis, incompletamente dominadas, tendessem a comprometer as chances de sua vinda".[21]

---

19. Leslie Lafayette, *Why Don't You Have Kids?*, 1995. Elinor Burkett, *The Baby Boom*, 2000. J. Maher e L. Saugères, "I Forgot to Have Children", *Journal of the Association for Research on Mothering*, 2004, 6, p. 116-126.
20. Pascale Donati, *Ne pas avoir d'enfant...*, op. cit., p. 20.
21. *Ibid.*

O que se pode observar é que a maioria dessas mulheres não se tortura com o menor instinto materno. Afinal, vivemos em uma época em que a mulher solteira, sem companheiro estável (ou contra a opinião deste), pode ter filhos sem que a sociedade a critique. Não é essa a opinião das *postponers* "involuntárias".

Mulher e mãe

A maioria das ocidentais tem em princípio a possibilidade de escolher entre os interesses de mulher e o desejo de maternidade. Por um lado, elas querem os meios de independência, a possibilidade de se afirmar profissionalmente e uma vida conjugal e social realizadora. Por outro, a experiência da maternidade e todas as alegrias e o amor que uma criança encarna. Em resumo, como dizem as americanas: *To have it all*, ter tudo.

Para alcançar esse ideal, elas têm filhos mais tarde e em menor número. Porém, desde o nascimento do primeiro, elas se veem na posição de negociadoras de sua dupla identidade.

A negociadora

A negociação é tanto mais difícil de ser bem-sucedida quanto as exigências são grandes nos seus dois polos. O ideal materno choca-se violentamente contra as obrigações cada vez mais exigentes do mundo do trabalho. Como atender a um sem sacrificar o outro? Questão que, nos últimos trinta anos, tornou-se mais difícil em virtude da sucessão das crises econômicas e da angústia do desemprego que espreita a todas e a todos. Ora, foi justamente durante esse mesmo período que o ideal da boa mãe se tornou massacrante. Recente estudo australiano[22] mostra até que ponto os discursos sobre a maternidade podem pesar sobre as mulheres quando da escolha materna. Se a maioria negocia com o ideal proclamado, todas, com ou sem filhos, são influenciadas pelo menos por alguns de seus aspectos. Na Austrália, bem como nos Estados Unidos e na Grã-Bretanha, o modelo de maternidade "intensiva", tão bem descrito por Sharon Hays,[23] mantém um poder considerável sobre as mentes. Sendo as mulheres consideradas como as mais adequadas para cuidar de seus jovens filhos, pede-se a elas que sejam mães em tempo integral, totalmente disponíveis. Maher e Saugères mostram que essa representação cultural da boa mãe é aceita por aquelas que não têm filhos, ao passo que as outras têm uma visão menos coerciva e rigorosa que aquelas. Elas se sentem, contrariamente às *childless*, capazes de negociar o papel de mãe com outros objetivos pessoais. Mesmo que reconheçam a legitimidade do modelo dominante, sua prática materna cotidiana acaba por desmistificá-la. "Há um fosso cada vez maior entre a representação da boa mãe e sua realização."[24] Por ocasião das entrevistas, elas falam da maternagem unicamente como de uma parte de suas atividades e de sua identidade. Embora não sejam insensíveis à pressão de

---

22. JaneMaree Maher, Lise Saugères, "To be or not to be a mother?", *Journal of Sociology – The Australian Sociological Association*, 2007, vol. 43 (1), p. 5-21. Relatório e conclusão de entrevistas semiestruturadas com cem mulheres. Esse estudo se aproxima do de Leslie Cannold, *What, no baby? Why women are losing the freedom to motherhand, and how they can get it back?*, 2005.
23. *The Cultural Contradictions of Motherhood*, 1996.
24. Maher e Saugères, *op. cit.*, p. 5.

serem mães em tempo integral, a maioria indica que não quer se moldar a isso. Sua identidade profissional não é questionável. Elas não se veem mães em tempo integral em casa. Tudo é, portanto, uma questão de negociação.

De resto, o equilíbrio entre as duas identidades é frágil e instável. A negociação nunca é definitivamente alcançada. Ela evolui em razão da idade e das necessidades da criança, e também da situação e das oportunidades profissionais, as quais podem entrar em completa contradição. Assim que a criança apresenta um problema imprevisto, o ideal materno, até então contornado, ressurge. Culpada, forçosamente culpada... O espectro da mãe má se impõe a ela tanto mais cruelmente quanto inconscientemente ela interiorizou o ideal da boa mãe. Nessas provações conflituosas, a mulher e a mãe sentem-se igualmente perdedoras. Exatamente a hipótese com a qual as mulheres, cada vez em maior número, não querem ser confrontadas.

CAPÍTULO VI

A greve dos ventres

Diferentemente do que aconteceu no início do século XX, não existe nisso nenhum objetivo político.[1] A decisão de não ter filhos ou a não decisão de retirar de si o privado e o íntimo. Na maior parte do tempo, é o resultado do diálogo secreto entre si e si mesmo, que nada tem a ver com a propaganda. Contudo, o fenômeno alastra-se em ritmo constante em alguns países, notadamente nos anglo-saxões, e também no Japão ou no sul da Europa. Em vinte anos, o número de culpadas sem filhos dobrou nesses países, quase sem que se percebesse. Para designar essa nova realidade – as culpadas não estéreis que não engravidam –, as anglófonas distinguem as *childless* das *childfree*,[2] e os alemães falam de *Kinderlosigkeit*, expressão que significa o ideal da ausência de filhos. Na França, onde o fenômeno não é significativo, não há um termo específico. Fala-se de infecundidade voluntária ou involuntária sem dis-

---
1. Ver Francis Ronsin, *La guerre des ventres, propagande néo-malthusienne et baisse de la natalité en France, XIXe-XXe siècles*, 1980.
2. *Childless* significa "sem filhos" e não define se a intenção é voluntária ou não. Esse termo é mais neutro que *childfree*, "livre de filhos", que indica a vontade de não ter filhos.

tinguir bem uma da outra ou fazer referência a um estilo de vida.

Enquanto as francesas sem filhos são ainda estimadas entre 10 e 11%, e as projeções demográficas não anunciam grandes mudanças por vir,[3] contam-se 18% das inglesas,[4] 20% das italianas,[5] 16% das austríacas (das quais 25%, em Viena)[6] e entre 21 e 26% das alemãs.[7] Fora da Europa, observa-se a mesma tendência. Nos Estados Unidos, onde o índice de fertilidade se mantém em alto

---

3. Laurent Toulemon, Ariane Pailhé, Clémentine Rossier, "France: High and Stable Fertility", *Demographic Research*, vol. 19, art. 16, p. 503-556, 1º de julho de 2008. Segundo suas projeções, 11% da coorte de mulheres nascidas em 1970 e 12% das nascidas em 1980 deveriam permanecer sem filhos (p. 516 e 518).
4. Dylan Kneale, Heather Joshi, "Postponement and Childlessness: Evidence from Two British Cohorts", *Demographic Research*, vol. 19, art. 58, p. 1.935-1.968, 28 de novembro de 2008. Os autores informam que 9% da coorte de mulheres nascidas em 1946 ficaram sem filhos, e 18% das nascidas em 1956, tal como as nascidas em 1970.
5. Alessandra De Rose, Filomena Racioppi, Anna Laura Zanatta, "Delayed Adaptation of Social Institutions to Changes in Family Behavior", *Demographic Research*, vol. 19, art. 19, p. 665-704, 1º de julho de 2008. Os autores informam que 10% da coorte de mulheres nascidas em 1945 não tiveram filhos, e 20% das nascidas em 1965 (p. 671).
6. Alexia Prskawetz, Tomas Sobotka, Isabella Buber, Henriette Engelhardt, Richard Gisser, "Austria: Persistent Low Fertility Since the Mid-1980s", *Demographic Research*, vol. 19, art. 12, p. 293-360, 1º de julho de 2008.
7. Jürgen Dorbritz, "Germany: Family Diversity with Low Actual and Desired Fertility", *Demographic Research*, vol. 19, art. 17, p. 557-598, 1º de julho de 2008. O autor destaca que se trata de estimativa: 7% das mulheres nascidas em 1934, 21% das nascidas em 1960 e 26% das nascidas em 1966. Ele observa igualmente que apenas a Suíça pode ser comparada à Alemanha nesse aspecto. No *Le Monde* de 20 de outubro de 2009, explicava-se que 29% das alemãs ocidentais nascidas em 1965 permaneceram sem filhos.

nível, estima-se que de 18 a 20% das mulheres permanecerão *childless*, ou seja, duas vezes mais do que há trinta anos.[8] O mesmo na Austrália e na Nova Zelândia,[9] e até mesmo nos países asiáticos industrializados, como Cingapura ou Tailândia.[10] Embora se ignore o número de mulheres sem filhos no Japão, em contrapartida, sabe-se que o índice de fertilidade das japonesas é um dos mais baixos do mundo, junto com o das alemãs, girando em torno de 1,3 filho por mulher.[11]

Tudo acontece como se tivesse se armado surda resistência contra a maternidade. Desde que as mulheres controlam a reprodução, estudam, invadem o mercado de trabalho e reivindicam a liberdade financeira ou uma carreira, a maternidade não é mais uma evidência natural, mas um problema. Embora uma minoria rejeite filhos, a verdadeira revolução está presen-

---

8. Números de 2006 publicados pelo US Census Bureau em agosto de 2008.
9. Nesses dois países, não temos estatísticas oficiais, e as estimativas variam consideravelmente de um estudo para outro. Mas o fenômeno é suficientemente importante para suscitar inúmeros comentários. Ver Janet Wheeler, "Decision-Making Styles of Women who Choose not to Have Children", *9th Australian Institute of Family Sutudies Conference*, Melbourne, 9-11 de fevereiro de 2005. Ver também Jane Cameron, *Without issue: New Zealanders who Choose not to Have Children*, 1997.
10. Na Tailândia, o número de mulheres sem filhos mais que dobrou entre 1970 e 2000, passando de 6,5% a 13,6%. Ver P. Vatanasomboon, V. Thongthai, P. Prasartkul, P. Isarabhakdi, P. Guest, "Childlessness in Thailand: An Increasing Trend Between 1970 and 2000", *Journal of Public Health and Development*, 2005, vol. 3, n. 3, p. 61-71.
11. Como a maioria dos países europeus, o ex-bloco do Leste, inclusive a Rússia, bem como a Grécia, Portugal e Espanha. Ver INED, Indicadores de Fecundidade, 2008. Estimativa Eurostat. Disponível em: http://www.ined.fr/fr/pop_chiffres/pays_developpes/indicateurs_fecondite/.

te, pedindo a redefinição da identidade feminina. É verdade que nem todos os países industrializados estão inteiramente na mesma situação. É verdade que as normas culturais próprias a cada um deles podem evoluir, e que as políticas familiares podem influenciar as escolhas parentais, mas o fenômeno *childless*, em harmonia com o individualismo de nosso tempo, não está a ponto de desaparecer. Especialmente porque não faltam nem vantagens, nem atrativos.

Onde os deveres maternos são os mais pesados

Nos países mais afetados pela queda da fecundidade e pela rejeição dos filhos, observa-se a conjunção de dois fatores que são poderosos freios para o desejo de maternidade. O primeiro, talvez o mais importante, é a pregnância social do modelo da boa mãe. O segundo, decorrente do primeiro, é a ausência de uma política familiar decididamente cooperante para as mulheres.

O peso das normas culturais

O peso das normas culturais pode ser observado em três grandes nações industriais tão diferentes quanto a Alemanha, a Itália ou o Japão. Esses países, de fortes tradições patriarcais, permaneceram presos, mais longamente que outros, ao modelo da complementaridade dos sexos que comanda a estrita separação dos universos masculino e feminino, e no qual papéis e funções são cuidadosamente diferençados. Às mulheres cabem os cuidados da criança, do marido e da casa; aos homens, todo o resto. Se na história o modelo é imposto um pouco por toda a parte, os três países em questão possuem em comum o fato de terem supervalorizado o papel maternal, a ponto de nele absorver toda a identidade feminina. A *Mutter* alemã, a *mamma* italiana e a *kenbo*[12] japonesa oferecem uma imagem mítica da mãe, ao mesmo tempo sacrifical e todo-poderosa. Ao lado delas, a *maman* francesa e a *mummy* inglesa fazem triste figura. O reverso da medalha é que as mulheres identificadas à mãe admirável se viram prisioneiras desse papel que as condenava à prisão domiciliar. Como escapar ao aprisionamento materno quando ele é objeto de um poderoso consenso social? Como mudar o jogo quando toda a sociedade é organizada pelos homens e para os homens, que só encontram vantagens no *status quo*? Como acontece frequentemente, as filhas não são beneficiadas pela solidariedade das mães. Ao contrário, estas transmitiram respeitosamente a obrigação moral desse papel materno que elas assumiram e em que sua existência se resumia.

Contudo, a exemplo de todas as mulheres dos países industrializados, as alemãs e as italianas, desde os anos 1970, e mais recentemente as japonesas, aos poucos invadiram as universida-

---

12. Joanna Nursey-Bray, *Good wives and wise mothers* [*kenbo*]. Tese defendida no Centro de Estudos Asiáticos da Universidade de Adelaide, 1992. Ver também Muriel Jolivet, *Un pays en mal d'enfants. Crise de la maternité au Japon*, 1993. Esse livro descreve a revolta das japonesas contra o papel massacrante da mãe tradicional.

des e o mercado de trabalho,[13] sonhando com liberdade, independência financeira e vida profissional. Ora, essas três sociedades permaneceram surdas às suas expectativas. Uma vez mãe de família, foi necessário que elas voltassem para casa para cuidar dos filhos. Faltam nesses países creches e babás, e, se por acaso a jovem mãe encontra uma solução para que cuidem de seu bebê, não é fácil enfrentar o olhar desaprovador da mãe e da sogra. Confiar o filho a uma instituição ou a uma estranha é ainda frequentemente considerado uma condenável deserção materna;[14] sem falar nas discriminações no mundo do trabalho, como no Japão, em relação às jovens mães.

Resultado: as mulheres postergam a idade da maternidade e engravidam cada vez menos. Mesmo que recentemente os governos se preocupem e tentem elaborar, como na Alemanha, uma nova política familiar,[15] a norma social da boa mãe intei-

---

13. De 1982 a 2007, a porcentagem de japonesas de 15 a 39 anos com atividade profissional aumentou regularmente. Passou de 49,4% para 59,4%, aumento nitidamente considerável desde 2002. Ver a Secretaria de Estatísticas Japonesas, que se pode consultar em inglês em: http://www.stat.go.jp/english/info/news/1889.htm.
14. Em 2004, 62% das alemãs ocidentais (contra apenas 29% na Alemanha Oriental) consideravam que os filhos sofriam se a mãe tivesse uma atividade profissional, e que era incompatível prosseguir em uma atividade profissional quando se era mãe. As que o tentavam fazer eram vistas como mães más, *Rebenmütter* (mães corvos que não cuidam do filhote quando ele cai do ninho). Citado por Eike Wirth, *Kinderlosigkeit von hochqualifizierten Frauen und Männern im Paarkontext. Eine Folge von Bildungshomogamie?*, 2007, p. 167-199.
15. Desde janeiro de 2004, entrou em vigor uma nova legislação que deve aliviar o encargo dos filhos de menos de 3 anos.

ramente dedicada ao filho, por vezes com séculos de uso, ainda pesa sobre as mentes. Provavelmente, será necessário mais tempo para fazê-la evoluir do que para construir creches.

Onde a sociedade privilegia a mãe em detrimento da mulher

Nenhum país pode ficar por muito tempo indiferente ao seu índice de natalidade. A longo prazo, trata-se do pagamento das aposentadorias, de seu poder e de sua sobrevivência. Para remediar a queda observada nos últimos decênios, os diferentes governos europeus puseram em prática políticas familiares que os demógrafos dividem em quatro grupos, segundo as intenções e a organização do sistema de auxílio social:

> Os países nórdicos promovem universalmente a independência dos indivíduos e a igualdade social. É o Estado que fornece o mais importante da ajuda social. Os países anglófonos privilegiam o individualismo próprio às sociedades liberais. São as famílias e as empresas que fornecem a ajuda social. Os da Europa central têm políticas que visam preservar o status quo e o modelo de família tradicional. Essa ajuda social à família é qualificada como conservadora. Finalmente, os países mediterrâneos têm a mesma política dos precedentes, mas com uma tendência familiarista[16] ainda mais marcada.

---

16. L. Toulemon, A. Pailhé, C. Rossier, "France: High and Stable Fertility", *op. cit.*, p. 505-506.

Do ponto de vista estritamente feminista, distinguem-se dois tipos de políticas familiares: as que levam em conta os desejos pessoais das mulheres e as que não o fazem. As que as ajudam a assumir seus diferentes papéis e as que se limitam ao apoio da mãe e da vida familiar. Estas consideram que o resto é da ordem das escolhas privadas, que não lhes dizem respeito. A história recente mostra que são as primeiras, tais como se aplicam nos países escandinavos, e em menor grau na França, que têm melhor resultado. Para que as mulheres tenham um pouco mais de filhos, é necessário que elas possam entregá-los aos cuidados de creches de qualidade, abertas o dia todo, e que elas mesmas tenham a possibilidade de trabalhar em tempo parcial ou tenham o benefício de horários flexíveis. Mas isso não basta. É preciso também que a divisão do mundo profissional seja acompanhada da divisão das tarefas familiares.[17] O que supõe não apenas investimentos públicos significativos, mas também uma profunda reforma feminista da sociedade, tanto das políticas quanto das empresas, e, antes de tudo, dos próprios homens. Se país algum pode se envaidecer de ter atingido o objetivo, a saber, a igualdade dos sexos,[18] aqueles que registram os mais baixos índices de natalidade parecem ter tomado consciência mais tardiamente que os outros, ou ainda não...

---

17. Ver Ursula Henz, "Gender Roles and Values of Children: Childless Couples in East and West Germany", *Demographic Research*, vol. 19, art. 39, 1º de julho de 2008, p. 1.452.
18. A desigualdade salarial entre homens e mulheres permanece o melhor indicador da situação. Ora, constatamos que ela permanece por toda parte, e beneficiando os homens.

No Japão, bem como na Itália, os nascimentos fora do casamento são ainda malvistos, do mesmo modo que os divórcios. Porém, diferentemente da Itália, a instituição do casamento japonês (ainda frequentemente arranjado), está "desabando",[19] e com ele o desejo de filhos. É quase impossível conciliar vida familiar e vida profissional. A maioria das japonesas para de trabalhar quando se casa ou quando nasce o primeiro filho. Segundo uma pesquisa do Ministério da Saúde, em 2006, 1/3 das mulheres que decidiram continuar a trabalhar após o casamento deixa o emprego durante os quatro anos seguintes. As vagas nas creches são raras e caras, e as escolas maternais só aceitam crianças a partir de 4 anos e fecham às 14 horas. Já a escola primária só recebe as crianças a partir dos 7 anos... Essas condições – justificadas pelo modelo da mulher-mãe, insubstituível junto ao filho – eram ainda recentemente as da Alemanha, em particular na ex-República Federal da Alemanha. Elas proíbem a emancipação das mulheres, que não têm outra saída a não ser permanecer solteiras o maior tempo possível ou dar as costas à maternidade. E provavelmente não é a promessa do novo primeiro-ministro japonês, Yukio Hatoyama, de conceder 200 euros mensais para cada criança em idade de iniciação escolar que mudará o jogo. As diferentes experiências europeias mostram que são os países onde o índice de atividade feminina é mais

---

19. Chikako Ogura, psicóloga, professora da Universidade Waseda, em Tóquio, citada pelo *L'Express* de 10 de setembro de 2009, na excelente reportagem "Les Japonaises ont le *baby blues*".

elevado que apresentam, paralelamente, os melhores índices de fertilidade. Por toda parte se constata que a generosidade do salário-família não basta. Em países como a Áustria, que dedica 2,3% do PIB à política familiar (entre as maiores da Europa), a enorme insuficiência de creches, públicas e privadas,[20] tem como consequência um baixo índice de fecundidade e uma alta porcentagem de mulheres sem filhos, notadamente entre as que têm alto nível de educação.

O exemplo da Alemanha nos leva a refletir. Diferentemente da Itália, esse país, como outros do norte da Europa, livrou-se do jugo da família tradicional. A diversidade dos modos de vida foi ali bem acolhida, e o casamento com filhos é um modo entre outros. Celibato, coabitação, pai solteiro, famílias recompostas e casais vivendo em casas separadas são tantas outras escolhas largamente aceitas pela sociedade. Ora, esse país, o mais populoso da Europa, registra um índice negativo de crescimento natural há mais de trinta anos. Como destaca o demógrafo Jürgen Dorbritz,[21] sua política familiar é um fracasso em termos de influência sobre a fertilidade. Centrada na ajuda financeira às famílias e na promoção do pai provedor, ela obriga as mulheres a escolher entre a família e o trabalho desde o nascimento do

---

20. Alexia Prskawetz *et al.*, "Austria, Persistent Low Fertility Since the Mid-1980, *op. cit.*, p. 336-337. Em 2005, apenas 4,6% das crianças de menos de 3 anos e 60,5% de todas as crianças entre 3 anos e o ingresso na escola se beneficiavam de creches públicas. Além disso, as horas de abertura e os longos períodos de fechamento durante as férias as tornam pouco práticas.
21. "Germany: Family Diversity with Low Actual and Desired Fertility", *Demographic Research*, vol. 19, art. 17, p. 557, 2008.

primeiro filho. Como a cultura do individualismo se impõe na Alemanha bem como em outros lugares, cada vez mais mulheres, especialmente as mais diplomadas, optam por não ter filhos e se dedicar à profissão, poupando, assim, muitas dificuldades no cotidiano. Ora, é forçoso constatar que as alemãs (e os alemães) parecem tomar gosto pelo estilo de vida *childless*. Diferentemente das italianas, que quereriam mais filhos (em média dois),[22] os alemães (homens e mulheres) têm a mais baixa expectativa de filhos da Europa. Em 2004, uma pesquisa efetuada com mulheres entre 20 e 39 anos mostrou que as mulheres da Alemanha Ocidental desejavam em média 1,73 filho, e as do leste, 1,78. Quanto aos homens, o desejo deles era ainda menor: 1,59 para os do ocidente, e 1,46 para os do leste.[23] Segundo J. Dorbritz, o motivo de números tão baixos reside na elevada proporção dos que desejam permanecer *childless*.

---

22. A. de Rose *et al.*, "Italy: Delayed Adaptation...", *Demographic Research* (2008), *op. cit.*, p. 682-683. Os autores explicam que 98% das mulheres entre 20 e 29 anos desejam ter filhos; que o número de filhos desejados é em média de 2,1; e que o desejo de filhos permanece inalterado, inclusive entre as que investiram muito na educação e têm ambições profissionais.

23. "Germany...", *op. cit.*, p. 583-584, onde figura o número de filhos desejados na Alemanha: 2004 (média).

Número de filhos	Alemanha Ocidental		Alemanha Oriental	
	mulher	homem	mulher	homem
Sem filhos	16,6	27,2	5,8	21,1
Um filho	14,5	13,0	28,7	24,2
Dois filhos	53,7	40,0	50,6	45,0
Três filhos	11,6	16,2	11,6	7,6
Quatro filhos ou mais	3,7	3,5	3,3	2,0
Média	1,73	1,59	1,78	1,46

Para tentar compreender a surpreendente baixa do desejo de filhos, a Universidade de Leipzig lançou em 1999 uma grande pesquisa psicossociológica com 1.600 pessoas, homens e mulheres, pais ou não, com idade entre 21 e 50 anos.[24] Se se descobriu sem surpresa que o aspecto afetivo e emocional era o mais forte motivo do engendramento, seguido do reconhecimento social da parentalidade (em particular para os alemães ocidentais), em compensação, é mais significativo constatar que se invocam as dificuldades pessoais e financeiras como os maiores obstáculos para a reprodução. Muito mais espantoso ainda é constatar que a criança perdeu a condição de prioridade absoluta. De fato, quando se pede às pessoas pesquisadas que classifiquem por ordem de importância os valores essenciais da vida, a família e os filhos ficam somente em sexta posição depois de 1) saúde, 2) rendimentos e segurança financeira, 3) trabalho, 4) relação do casal e sexualidade, e 5) condições de vida. Somente os amigos e as atividades de lazer foram considerados menos importantes que os filhos, estes sendo mais desejados pelas mulheres do que pelos homens, pelas pessoas do Ocidente do que pelas do Oriente, pelos mais velhos do que pelos mais jovens.

Os resultados dessa pesquisa não se prestam a generalizações. Não são imutáveis e podem evoluir em razão de diferentes fatores. Contudo, é possível que eles anunciem uma profunda

---

24. Yve Stöbel-Richter, Manfred E. Beutel, Carolyn Finck, Elmar Brähler, "The wish to have a child, childlessness and infertility in Germany", *Human Reproduction*, 2005, vol. 20, fasc. 10, p. 2.850-2.857.

mudança das mentalidades e uma diversificação dos desejos femininos que vão muito além da sociedade alemã. Não é por acaso que seja justamente em um país no qual os deveres maternos chegaram ao máximo que um número cada vez maior de mulheres resista à tentação de ser mãe ou mesmo vire as costas à maternidade.

Devemos registrar o fato de que a presença de um filho no lar induz a um modo de vida que não convém a todas. Duvidamos que haja alguma política familiar, mesmo a mais audaciosa, que possa facilmente fazê-las mudar de opinião.

A emergência de um novo estilo de vida

Há pouco tempo ainda, raras eram aquelas que pensavam poder viver bem sem filhos. Mais raras ainda eram as que confessavam viver mal a maternidade e lamentar a experiência. A maternidade marcava a verdadeira entrada na idade adulta, sem a qual não se poderia falar em felicidade e realização. As que fugiam a ela eram olhadas com suspeita ou condescendência. Falava-se naturalmente de "figueiras do inferno", de "frustradas" ou de mulheres inacabadas. Fantasiavam-nas de preferência tristes e solitárias (contrariamente à imagem do alegre solteiro), porque não há vida de casal fora do casamento, e não há casamento sem filhos... Esse esquema se estilhaçou com a difusão da coabitação e das ambições profissionais femininas. Alguns adultos vivem deliciosamente sua vida de casal e temem a presença da criança como fonte de desequilíbrio. Eles privilegiam sua liberdade, seus prazeres, suas ambições e suas conversas privadas. Para algumas mulheres, é a garantia de poder dispor de um potencial de tempo, de energia ou de meios financeiros aos quais a mãe de família raramente pode aspirar. Que esse estilo de vida seja escolhido de imediato, ou que se imponha aos poucos como uma evidência, demonstra o triunfo de um novo hedonismo que não deixa de estar presente na escolha pela procriação.[25] No entanto, se se admite muito bem o hedonismo parental, considerado uma astúcia da espécie para se perpetuar, vê-se ainda com maus olhos aqueles ou aquelas que fazem a escolha inversa. Qualificada um pouco apressadamente como irresponsável e egoísta, a mulher *childfree* introduz como nunca anteriormente a questão da responsabilidade materna, já que a maternidade provinha da necessidade natural.

A interiorização (excessiva?) da mãe ideal

Quando lemos as declarações das mulheres sem filhos e as numerosas pesquisas de que dispomos hoje em dia sobre elas,[26] surpreendemo-nos ao constatar até que ponto elas parecem aderir ao modelo da mãe perfeita, tal como o descrevemos acima: mãe convencional que cuida sem descanso do filho sete dias por semana e 365 dias por ano.

---

25. Ver a sondagem TNS-Sofres para a *Philosophie Magazine*, nas p. 18-19 deste livro. À pergunta "Por que fazemos filhos?", 73% das respostas estão ligadas ao prazer.
26. Ver as referências bibliográficas.

Para elas, não se pode desejar ser uma boa mãe e, ao mesmo tempo, manter os compromissos pessoais. Elas não imaginam poder assumir a responsabilidade de um ou vários filhos sendo a professora, a artista, a médica ou a executiva que elas desejam ser. Como cuidar de um bebê escrevendo uma tese? Elas interiorizaram completamente os preceitos dos defensores da LLL ou os dos psicopediatras mais tradicionais que impossibilitam a conciliação entre maternidade e carreira. É o que declara Émilie Devienne em um livro, por outro lado muito lúcido, sobre a decisão de não ter filhos.[27] Referindo-se a Edwige Antier e a Claire Brisset, então defensoras das crianças, Émilie Devienne repreende as mães por demais apressadas que não respeitam o "tempo do filho", aquelas que o colocam cedo demais na creche (antes dos 2 ou 3 anos) ou cedo demais na escola; em resumo, todas as que queimam etapas para se livrar das tarefas maternas. "É preciso ter lucidez", diz ela, "e saber se, até o último suspiro, vamos gostar de participar dessa lógica de acompanhamento que, idealmente, se quer indecifrável e incondicional." Para ela, a maternidade (ou a paternidade) não deve ser resultado "de uma pulsão de amor, nem uma experiência, nem uma filosofia de vida. Ela é primeiramente e antes de tudo um dever que nos impomos livremente, e cujas repercussões ultrapassam largamente o círculo privado. Ou a assumimos, ou nos abstemos." Inscrevendo-se na lógica do tudo ou nada, tendo alta consideração dos deveres maternos, essas mulheres calam os prazeres e benefícios da ma-

---

27. *Être femme sans être mère. Le choix de ne pas avoir d'enfant*, 2007, p. 96-98.

ternidade. Elas veem apenas os aspectos sombrios, constrangedores e sacrificiais. Umas falam da repulsa aos aspectos físicos da maternidade, da gravidez e do parto, e também dos cuidados com a criança.[28] Outras confessam que a ideia de cuidar de um bebê em tempo integral as deprime: "É como viver o dia todo, todos os dias, na companhia exclusiva de um incontinente, mentalmente deficiente."[29] Algumas temem a monotonia das tarefas, sujas, repetitivas e pouco gratificantes. Elas falam de alienação e de perda de identidade. Porém, segundo a socióloga americana Kristin Park, que retomou a maioria das pesquisas elaboradas há vinte anos sobre as mulheres *childfree*, o primeiro motivo, e o mais alegado (em 80% das pesquisas), é a liberdade.[30] Aliviadas das responsabilidades maternas, elas apreciam acima de tudo a autonomia afetiva e econômica, a possibilidade de aproveitar todas as oportunidades de realização pessoal e a liberdade de movimentos. O segundo motivo referido em 62% dos estudos é maior satisfação conjugal. Vêm em seguida considerações profissionais e financeiras, o medo da superpopulação, o desinteresse ou a aversão às crianças.

Durante muito tempo – e talvez ainda hoje –, essas explicações para o não desejo de filhos pareceram incongruências. Racionalizações de problemas inconscientes oriundos de traumas

---

28. Elaine Campbell, *The childless marriage*, 1985, p. 51.
29. *Ibid.*, p. 49.
30. Kristin Park, "Choosing childlessness: Weber's typology of action and motives of the voluntarily childless", *Sociology Inquiry*,vol. 75, n. 3, p. 372-402, 2005.

infantis. Em outras palavras, uma escolha negativa que revela perturbações psicológicas: relações ruins com a mãe,[31] negação da feminilidade,[32] "bases narcísicas precárias",[33] movimento depressivo ou baixa autoestima etc. Em resumo, uma renúncia patológica que a psicanálise talvez pudesse resolver. É verdade que muitas das mulheres interrogadas sobre a recusa de filhos falam de suas próprias mães frustradas por causa dos deveres e preocupações maternas, legando-lhes um modelo que elas não gostariam de reproduzir,[34] mas outras, ao contrário, lembram a imagem positiva de uma mãe ativa que as estimulou a prosseguir os estudos e a conquistar autonomia,[35] sem por isso desencorajá-las do casamento e da maternidade. Finalmente, escolher ser mãe ou não deve ser analisado em termos de normalidade ou de desvio? Nunca perguntamos sobre a legitimidade do desejo de filhos. Contudo, ninguém ignora os estragos da irresponsabilidade materna. Quantas crianças são postas no mundo para fazer papel de compensação, de joguete ou de acessório de suas mães?

---

31. Ver Edith Vallée, *Pas d'enfant, dit-elle... Les refus de la maternité*, 2005. Caroline Eliacheff e Nathalie Heinich, *Mères-filles, une relation à trois*, 2002 [Ed. bras.: *Mães-filhas, uma relação a três*. Trad. Claudia Berlener. São Paulo: Ed. WMF Martins Fontes, 2004].
32. Nicole Stryckman, "Désir d'enfant", *Le Bulletin freudien*, n. 21, dezembro de 1993.
33. Gérard Poussin, *La fonction parentale*, 2004, citado no excelente artigo de Geneviève Serre, Valérie Plard, Raphaël Riand, Marie Rose Moro, "Refus de l'enfant: une autre voie du désir?", *Neuropsychiatrie de l'Enfance et de l'Adolescence*, n. 56, 2008, p. 9-14.
34. Ver Jane Bartlett, *Will you be mother?*, 1994, p. 107-111; Elaine Campbell, *op. cit.*, p. 37-41; Marian Faux, *op. cit.*, p. 16-17.
35. Pascale Donati, *Ne pas avoir d'enfant, op. cit.*, p. 15.

Quantas crianças maltratadas ou abandonadas que são consideradas perdas e ganhos da natureza? Estranhamente, a sociedade parece mais interpelada por aquelas que avaliam suas responsabilidades do que pelas que as ignoram...

As satisfações conjugais e profissionais

Na França, a maioria dos especialistas da família não pensa, diferentemente de Philippe Ariès,[36] que o individualismo contemporâneo favorece o conjugal em detrimento do parental. Ao contrário, Pascale Donati observa que todas as sondagens de opinião confirmam que a família ocupa o primeiro lugar na escala de valores, e que "a criança é considerada indispensável ao equilíbrio conjugal".[37] Além disso, destacam-se facilmente as vantagens salutares, psicológicas e identitárias que a parentalidade traz para os indivíduos. Se ninguém ignora o custo social e profissional da maternidade para as mulheres, o custo conjugal não aparece na conta.

Contudo, inúmeros pesquisadores anglo-saxões interessaram-se pela questão das satisfações conjugais dos casais com ou sem filhos. Mesmo que cada grupo apresente bons motivos para estar satisfeito, e que seja muito difícil medir a veracidade de suas afirmações, a repetição das pesquisas sugere interessantes

---

36. "L'enfant: la fin d'un règne", *in Finie la famille?*, Autrement, 1975, reed. 1992, p. 229-235. Philippe Ariès explicava a queda da natalidade por um malthusianismo hedonista. Da criança-rei passou-se à criança-estorvo, comprometendo o desenvolvimento do indivíduo e do grupo.
37. *Pascale Donati, op. cit.*, p. 31-32.

conclusões. Os estudos sobre os casais de pais demonstram uma queda da satisfação conjugal quando eles atingem os 40 anos. Durante muito tempo, ninguém pensou em comparar esse fenômeno com a presença de crianças pequenas no lar.[38] No entanto, observando-se de perto, constata-se que elas interferem constantemente no diálogo parental, e frequentemente dificultam a intimidade necessária ao casal. Além disso, a educação de uma criança pode provocar atritos entre o pai e a mãe; sabe-se da dificuldade de alternar o papel parental e o papel conjugal. Uma vez que o casal é fundado no amor e na cumplicidade, ele se alimenta desses ingredientes que pressupõem um mínimo de intimidade e de liberdade. Mas a função parental exige, ao contrário, o esquecimento de si e de seus desejos a fim de estar disponível para os filhos. Finalmente, o que há de mais antagônico ao papel materno (ou paterno) do que o de namorada (ou namorado)? Quando as crianças dormem, e o casal, muitas vezes exausto, se encontra só, pode ter muita dificuldade em se desfazer das vestes de pais para vestir as da sedução. A ideia convencional de que a criança reforça a solidez do casal falhou. Certamente ela cria um laço indissolúvel entre pai e mãe, mas ela pode também ser paradoxalmente uma verdadeira provação para o entendimento entre homem e mulher.

De modo inverso, os casais sem filhos se comprazem em sublinhar as vantagens da intimidade: viver um para o outro, fazer

---

38. Marian Faux, *Childless by Choice*, *op. cit.*, p. 42-43; Jane Cameron, *Without Issue*, *op. cit.*, p. 61-64 e 74-76.

mais coisas juntos do que os que são pais, estar atento aos sentimentos e aos desejos do outro. Para eles, a criança é percebida como uma ameaça possível a essa suposta harmonia. A mulher *childfree*, em particular, privilegia o gozo de dispor de seu tempo e de sua energia física, emocional e sexual.[39]

No conjunto, os adeptos desse modo de vida formam casais mais tardiamente. Seu individualismo acompanha outras características: pouco ou não religiosos, racionalistas, tolerantes, cosmopolitas, igualitários e urbanos.[40] De resto, esses casais se separam tanto quanto os outros e, com certeza, mais facilmente.[41] Não se trata, portanto, de privilegiar um dos modos de vida. Trata-se apenas de reconhecer a legitimidade de uma escolha alternativa, e o fato de que há casais que se enriquecem com os

---

39. Marsha D. Somers, "A Comparison of Voluntary Childfree Adults and Parents", *Journal of Marriage and the Family*, vol. 55, n. 3, agosto de 1993, p. 643-650. Jane Cameron, *op. cit.*, p. 75. Sherryl Jeffries, Candace Konnert, "Regret and Psychological Well-Being Among Voluntary and Involuntary Childless Women and Mothers", *International Journal of Aging & Human Development*, 2002, vol. 54, nº 2, p. 89-106.
40. Sandra Toll Goodbody, "The Psychosocial Implications of Voluntary Childlessness", *Social Casework*, 1977, n. 58, (7), p. 426-434. Ver também Joshua M. Gold e J. Suzanne Wilson, "Legitimizing the Child-Free Family", *The Family Journal: Counseling and Therapy for Couples and Families*, vol. 10, n. 1, janeiro de 2002, p. 70-74.
41. Kristin Park, "Choosing Childlessness...", *op. cit.*, p. 375. Ela observa que os estudos sobre a satisfação conjugal comparada dos casais com ou sem filhos levaram a conclusões diferentes. De acordo com uns, não há diferenças significativas; para outros, haveria satisfação maior para os casais sem filhos. O *British Office of Population Census and Survey* (1995) demonstrou que o índice de divórcio é mais elevado entre pais de filhos menores de 16 anos. O índice de divórcio dos sem filhos situava-se entre os dois.

filhos, enquanto outros os sentem como uma perda ou um empobrecimento de sua relação.

Todos os estudos desenvolvidos durante os últimos trinta anos sobre mulheres sem filhos, vivendo sozinhas ou com um companheiro, confirmam seu forte comprometimento profissional. Nos anos 1990, constata-se também que elas trabalham em maior número (87% contra 75%) e frequentemente ocupam postos importantes, executivas ou diretoras, mais do que as mães[42] (36% contra 21%). Em 2000, Elinor Burkett confirma que as mulheres *childless* pertencem à elite das americanas ricas: mais ricas, mais independentes e mais bem-educadas do que a mãe média. Ela chega mesmo a observar que a porcentagem de mulheres voluntariamente *childless* está diretamente ligada a seus diplomas e títulos universitários. Quanto mais importantes forem estes, mais interessante é seu trabalho e mais elas preferem não ter filhos: "Apenas 10% das mulheres pouco diplomadas renunciam à maternidade, enquanto 19% das que têm dois anos de universidade o fazem, e 28% entre as mais diplomadas."[43] Para algumas, não há motivo de surpresa: "As mulheres mais diplomadas têm melhores perspectivas econômicas e mais oportunidades alternativas de autoestima do que as mulheres menos instruídas, o que leva a pensar que o nível de diplomação está inversamente relacionado à importân-

---

42. Jane Cameron, *op. cit.*, p. 23.
43. Elinor Burkett, *The Baby Boom*, 2000, p. 182.

cia da maternidade".[44] Os autores observam que, se as mulheres negras têm índice de fertilidade maior do que as brancas nos Estados Unidos, é porque isso depende largamente do grau de instrução. Tanto para umas quanto para as outras, a obtenção dos melhores diplomas está relacionada com uma maternidade tardia e um índice de fertilidade mais baixo.

A relação entre o nível de instrução e a fertilidade é observável quase por toda parte.[45] Jürgen Dorbritz indica que a coorte das alemãs sem filhos nascidas entre 1955 e 1960 flutua em torno de 30%, e esse percentual é maior ainda entre as mulheres mais diplomadas, nascidas depois de 1969: 35,3% para as nascidas em 1964, e 38,5% para as nascidas em 1965.[46] Isabelle Robert-Bobée faz a mesma constatação na França.[47] Embora 10% das mulheres nascidas entre 1945 e 1953 não tenham tido filhos, elas estão

---

44. Julia Mcquillan, Arthur L. Greil, Karina M. Shreffler, Veronica Tichenor, "The Importance of Motherhood among Women in the Contemporary United States", *Gender & Society*, vol. 22, n. 4, agosto de 2008, p. 480.

45. Os demógrafos suecos Jan M. Hoem, Gerda Neyer e Gunnar Andersson publicaram um artigo muito interessante que matiza a afirmação. Segundo eles, o nível de instrução seria menos determinante do que a orientação profissional escolhida. Quando as mulheres escolhem uma profissão feminizada (serviço público, ensino, mundo médico etc.), elas fazem mais filhos do que as que investem em territórios masculinos (empresas privadas, profissões com horários irregulares...). De resto, eles citam para a sua hipótese exemplos que limitam o alcance de suas afirmações. Ver "Education and Childlessness. The Relationship between Educational Field, Educational Level, and Childlessness among SWEDISH Women Born in 1955-59", *Demographic Research*, vol. 14, art. 15, p. 331-380. Publicado em 9 de maio de 2006.

46. Jürgen Dorbritz, "Germany: Family Diversity...", *op. cit.*, p. 570-571. Ele se refere aos dados de Microcensuses 1999-2003 (Duschek and Wirth, 2005).

47. "Ne pas avoir d'enfant: plus fréquent pour les femmes les plus diplômées et les hommes les moins diplômés", *France, portrait social*, 2006, p. 181-196.

entre os 16% das mulheres mais diplomadas contra 7% das pouco diplomadas. Embora sejam ligeiramente menos numerosas as que vivem uma vida de casal (eram 91% contra 96% entre as menos diplomadas), mesmo em casal tiveram filhos menos frequentemente (8% contra 4% das mulheres pouco diplomadas). Das mulheres que terminaram os estudos seis anos depois da média de sua geração, 20% não tiveram filhos (12% quando viveram casadas) contra 12% das que concluíram os estudos dois anos mais tarde que a média.

Isabelle Robert-Bobée sugere que os motivos devem ser procurados na articulação entre vida familiar e vida profissional, mas observa também que "as mulheres mais qualificadas podem esperar reconhecimento social por seu trabalho, enquanto esse reconhecimento passaria antes pela obtenção da condição de genitora para as menos qualificadas". Ela acrescenta que, do ponto de vista econômico, "o desgaste pessoal associado ao nascimento de uma criança é mais elevado para as mulheres executivas, uma vez que o salário é significativo". Segundo parece, suas atividades profissionais as desenvolvem suficientemente para que elas não sonhem com outra coisa, mesmo que tenham todos os meios para ter quem cuide de uma criança.

Se essa tendência se confirmar, veremos um dia a maternidade como encargo ou apanágio dos menos favorecidos cultural, social e profissionalmente? Ou, como aponta o demógrafo americano Phillip Longman, das mulheres mais religiosas, das mais tradicionais e conservadoras?[48] Ele prediz um retorno ao patriarcado, único "regime cultural" capaz de manter o alto índice de fertilidade necessário à sobrevivência das nações e ao pagamento das aposentadorias. Ele acredita ver as premissas na volta da religiosidade nos Estados Unidos e no comportamento dos muçulmanos praticantes. Mas esse conservador inveterado parece ignorar inteiramente tanto o crescimento da força do individualismo quanto o profundo impacto da revolução feminista.

Um estilo de vida criticado e invejado

Hoje em dia, é forte a tendência para considerar a infertilidade como uma falha da feminilidade. A mulher que não tem filhos ou é digna de pena ou de censura. Como observa a socióloga Pascale Donati, "a não procriação é um afastamento da norma"[49] que tem um preço: a desaprovação social. Após pesquisa (entrevistas biográficas) com trinta mulheres (40–50 anos), e trinta homens (45–55 anos) que não procriaram, ela concluiu:

> Quando não se tem filhos, quando se poderia tê-los, é melhor ser homem do que mulher, viver sozinha do que com companheiro e não demonstrar demais que se é uma mulher realizada. Nessa gradação, ser mulher casada que optou por não ter filhos é mais suspeito [...]. Nossa sociedade define um tempo legítimo

---

48. Phillip Longman, "The Return of Patriarchy", *Foreign Policy*, 1º de março de 2006.
49. Pascale Donati, "La non-procréation: un écart à la norme", *Informations Sociales*, 2003, n. 27, p. 44-51.

para o amor autossuficiente, o do encontro e o da união. Mas esse tempo deve ser ultrapassado e abrir-se para o desejo de um laço mais altruísta: o da parentalidade. A mulher que se recusa a ser mãe não ama demais o amor?[50]

Os estereótipos negativos sobre essas mulheres abundam: egoístas, incompletas, insatisfeitas, imaturas, materialistas, carreiristas[51] etc.

As não mães são constantemente obrigadas a se justificar, como se, ao contrário de todas as mães, elas nunca tivessem tido problemas ou perfil psicológico preocupante, observa Émilie Devienne.[52] Ela é objeto de pressões de seus pais, da família, dos amigos (que são pais), dos colegas de escritório... Em resumo, de toda a sociedade. Tanto que se pode legitimamente perguntar se não seria melhor falar de "dever" do que de "desejo de filho".[53]

Contudo, muitos índices mostram que o estilo de vida dos não pais é frequentemente invejado pelos pais. A agressividade destes não é o menor dos sinais. Contudo, se alguns confessam francamente, na intimidade de uma conversa amigável,[54]

---

50. *Ibid.*, p. 49-50.
51. Joshua M. Gold e Suzanne Wilson, "Legitimizing the child-free family...", *op. cit.*, p. 71.
52. *Émilie Devienne, Être femme sans être mère*, *op. cit.*, p. 32-38.
53. *Ibid.*, p. 56.
54. Ver Mardy S. Ireland, *Reconceiving Women*, *op. cit.*, p. 157, e Jane Bartlett, *Will You Be Mother?*, *op. cit.*, p. 115. Uma última observação: "As *childfree* frequentemente têm a impressão de que as mães têm ciúmes delas e, por vezes, estas lhes contam que adoram os filhos, mas, se tivessem de repetir, não o fariam, pois eles lhes custaram muitos sacrifícios."

ou em uma entrevista com uma desconhecida, a maioria dos pais arrependidos não se permite dizê-lo. Como reconhecer que muitos sacrifícios foram feitos para a obtenção de benefícios afetivos, entre outros? Esse aspecto calculista e egoísta da parentalidade, e pior, da maternidade, não é admissível, logo, não pode ser dito. A sociedade ainda não está pronta para ouvir que, se existem pais felizes, existem outros ao mesmo tempo frustrados e amargos, que talvez devessem ter-se abstido... Acontece que a aceitação da mulher não mãe evoluiu mesmo assim nos últimos vinte anos, e Odile Bourguignon tinha razão ao anunciar em 1987: "É provável que as mulheres que não querem ter filhos venham em breve a ter autorização cultural para não mais engravidar, abandonando a maternidade apenas àquelas que a desejam."[55]

À procura de uma nova definição da feminilidade

Inúmeros demógrafos e sociólogos franceses ou estrangeiros preveem um aumento futuro das *childless* por escolha. "É provável que, entre as jovens coortes de mulheres [francesas], o número das que não querem filhos aumente: estão previstos 11% para as nascidas em 1970."[56] O pequeno aumento previsto entre as francesas e as escandinavas se contrapõe às previsões concernentes ao restante da Europa. A inglesa Rosemary Gillespie destaca a

---

55. "La question de l'enfant", *L'Année Sociologique*, 1987, 37, p. 93-118. Citado por Pascale Donati, *Ne pas avoir d'enfant, op. cit.*, p. 14.
56. Laurent Toulemon *et al.*, "France: High and Stable Fertility", *op. cit.*, p. 516.

crescente tendência entre as mulheres para não terem filhos,[57] e em 2003 estimava em 25% o número de inglesas nascidas em 1973 que seriam *childless*.[58] Números semelhantes são apresentados para a ex-Europa oriental e para a meridional. Mas eles dependem de várias incógnitas: a ótica racionalista dos custos e benefícios da parentalidade pode suplantar o gosto da aventura e da experiência parental? A influência de políticas familiares mais favoráveis à igualdade dos sexos e a evolução para um modelo maternal menos exigente podem desmentir as previsões. Por isso, contrariamente à esperança de Phillip Longman, não é plausível imaginar uma volta ao sistema patriarcal.

Em compensação, mesmo que a proporção de mulheres *childless* permaneça como atualmente, não poderíamos escapar da necessidade de romper com a definição tradicional da feminilidade. Para um número significativo de mulheres, a maternidade não é mais uma realização. Não apenas elas rejeitam a essência maternal tradicional da feminilidade, como também se pensam mais femininas que as mulheres realizadas com a maternidade. Para algumas, as atividades ligadas à maternidade

---

57. Ver "Voluntary Childlessness in United Kingdom", *Reproductive Health Matters*, vol. 7, n. 13, maio de 1999, p. 43-53; "When No Means No: Disbelief, Disregard and Deviance as Discourses of Voluntary Childlessness", *Women's Studies International Forum*, vol. 23, n. 2, 2000, p. 223-234; "Contextualizing Voluntary Childlessness within a PostModern Model of Reproduction", *Critical Social Policy*, vol. 21, n. 2, 2001, p. 139-159; "Childfree and Feminine", *Gender and Society*, vol. 17, n. 1, fevereiro de 2003, p. 122-136.
58. Rosemary Gillespie cita as previsões do *Social Trends* 2000 no artigo de 2003.

são dessexualizantes,[59] logo, desfeminilizantes. A maternidade é associada a "sacrifícios", à perda da identidade feminina. Para outras, o desejo de filho é totalmente estranho, e a noção mesma de instinto materno não tem sentido algum. Por isso, seria aberrante excluí-las do povo feminino ou prender-se ao diagnóstico patológico como se fazia no passado.

Para alguns especialistas na questão, como a psicóloga americana Mardy Ireland ou a inglesa Rosemary Gillespie, essas mulheres encarnam a terceira etapa do feminismo. Pioneiras, de certo modo. A primeira observa que

> os anos 1970 deram origem ao conceito de androginia, baseado em uma definição das características humanas próprias a um sexo, ou a outro, a androginia exibindo características dos dois papéis sexuais. A partir dos anos 1990, interrogamo-nos cada vez mais para saber se essas características humanas devem ser dicotomizadas e definidas pela atribuição a um gênero.[60]

Segundo Catherine Hakim, a resposta é não. As *childfree*, diz ela, provam que não há características absolutas ou essenciais que distingam as mulheres dos homens.[61]

A afirmação provocaria horror em todos os que temem mais que tudo a confusão e a semelhança entre os sexos. Também na-

---

59. Rosemary Gillespie, 1999, p. 49-50.
60. Mardy S. Ireland, *Reconceiving Women*, op. cit., p. 6.
61. *Work-Lifestyle Choices in the 21th Century*, op. cit., p. 82. Ver também a corrente *queer* teorizada pelos trabalhos de Judith Butler.

queles que se fundamentam na fêmea mamífera para lembrar à mulher seus deveres maternos. Querendo ou não, a maternidade não é mais que um aspecto importante da identidade feminina, não é mais o fator necessário à obtenção do sentimento de realização do eu feminino.

Graças à contracepção ou por causa dela, o mundo das mulheres divide-se e diversifica-se. Não querer reconhecê-lo é cegueira.

CAPÍTULO VII

O caso das francesas

As mães francesas têm má reputação, em razão de uma prática ancestral julgada contrária à natureza e à moral: a precoce separação do corpo do bebê. Há quatro séculos, elas entregavam seus recém-nascidos a amas distantes; atualmente, elas os "abandonam" na creche ou nos braços de uma babá. Quando se leem as estatísticas, constatamos que elas não são entusiastas da ideia de ficar em casa para amamentar. Esse estranho comportamento, que contrasta com a da maioria de suas semelhantes, provocou reprovação, tanto por parte de psicólogos quanto de antropólogos. Entre estes, um dos mestres da disciplina, Bronislaw Malinowski, não hesitava, desde os anos 1920, em falar a esse respeito de "notáveis aberrações":

> No momento do nascimento, os impulsos instintivos da mãe são aprovados e reforçados pela sociedade que, por causa de muitos costumes, regras morais e ideais, faz da mãe a ama de leite da criança, e isso tanto nas classes superiores quanto nas inferiores da sociedade, em quase todas as nações europeias. Contudo, mesmo diante de uma relação tão fundamental, tão biologicamente garantida, existem sociedades nas quais o cos-

tume e o relaxamento dos impulsos instintivos motivam notáveis aberrações. Como o sistema que consiste em se desfazer da criança durante seu primeiro ano de vida, entregando-a a uma ama de leite mercenária. Esse costume foi, em determinado momento, muito comum na classe média na França; ou ainda como o sistema igualmente lamentável de proteger os seios da mãe, alugando uma ama ou alimentando a criança com aleitamento artificial...[1]

Pascale Pontoreau afirmava mais recentemente que "o conceito de *boa mãe* não existia"[2] na França tradicional. Observando-se, porém, mais atentamente, talvez a afirmação se aplique ainda hoje. A maioria das mães reclama por ter de parar de trabalhar durante todo o primeiro ano de vida dos filhos. Elas os entregam a estranhas e sempre recorrem à mamadeira. As cerimônias públicas de "mamaço" coletivo[3] só provocam sorrisos, indiferença ou sarcasmos. No entanto, as mulheres que amamentam são exatamente as que estão em conformidade com a imagem eterna da

---

1. Bronislaw Malinowski, *La sexualité et sa répression dans les sociétés primitives* [1921], p. 19-20 da edição de 1932. [Ed. bras.: *Sexo e repressão na sociedade selvagem*. Trad. Francisco M. Guimarães. Petrópolis: Vozes, 2000]. Esse texto é citado pela psicanalista Hélène Deutsch e retomado no vol. II de *Psychologie des Femmes, Maternité*, p. 2-3.
2. *Op. cit.*, p. 30.
3. Para estimular as mulheres a amamentar, a pedido e em qualquer lugar, as simpatizantes da LLL organizam desde 2006 em todas as grandes cidades da França um dia de aleitamento público. Em 2006, quinhentas mães participaram; em 2009, 2.200 de acordo com *Le Parisien* de 12 de outubro, e 2.400 segundo as organizadoras.

boa mãe, incontestável nesta época. Da "mãe indigna" do século XVIII à "mãe medíocre" do século XXI, há uma espécie de filiação que indica a situação social da mulher francesa. Uma constante que pode explicar em parte um fenômeno que interessava a todos os demógrafos, a saber: a bela natalidade francesa. As mulheres não apenas parecem pouco atraídas pelo modo de vida *childless*, como também têm a fama de ser as mais indolentes em relação aos deveres maternos que fazem mais filhos. Esse aparente paradoxo encontra explicação em um retorno à história.

Mães "medíocres", porém mães...

Vimos que as escandinavas eram as campeãs do aleitamento na Europa, as francesas figurando no último lugar da lista das premiadas.[4] Como as nórdicas, elas estavam entre as mulheres com mais alto índice de atividade profissional na Europa, tendo, porém, uma particularidade que as distingue: as mães de crianças pequenas continuam a trabalhar em tempo integral, especialmente depois do nascimento do primeiro filho. Com o segundo, sobretudo com o terceiro, o número declina: quase 50% das mães de um filho trabalham em tempo integral, contra 25% das mães de três filhos ou mais.[5] Diferentemente das escandinavas e das holandesas, que maciçamente lançam mão da possibilidade de trabalho em tempo parcial, as mães francesas, em sua

---
4. Ver p. 107 deste livro.
5. Olivier Thévenon, "Les politiques familiales des pays développés: des modèles contrastés", *Population & Sociétés*, n. 448, setembro de 2008.

maioria, veem nisso mais uma dificuldade do que uma vantagem. Apenas 22% das mulheres entre 20 e 49 anos trabalham em tempo parcial: 21% das mães de um filho, 32% das que têm dois filhos e 45% das que têm três filhos. No total, poucas mulheres gostariam de trabalhar menos: apenas 9% entre 20–49 anos desejariam se beneficiar com tempo parcial.[6] Ao contrário dos países do norte, o tempo parcial na França é mais suportado que escolhido. Frequentemente é sinal de precariedade, e serve mais como variável de ajuste para as empresas do que para aliviar as mães de família.

O índice de fertilidade das francesas é uma curiosidade para os demógrafos do mundo todo. Classificado em último lugar pelo Institut National de la Statistique et des Études Économiques (INSEE) com 2,07 filhos por mulher, ele foi no ano de 2008 o mais alto entre os 27 da Europa.[7] O diretor do INED (Instituto Nacional de Estudos Demográficos), François Héran, sugere três fatores que explicariam essa "exceção francesa". A escola maternal gratuita acolhe crianças de 3 anos (e por vezes menos); um modelo conjugal flexível e diversificado: a maioria das crianças nasce atualmente fora do casamento e são bem

---

6. Laurent Toulemon, Arianne Pailhé e Clémentine Rossier, "France: High and Stable Fertility", julho de 2008, *op. cit.*, p. 533.
7. Previsões do INSEE publicadas em agosto de 2009. Apenas as islandesas, com 2,1 filhos por mulher, tiveram melhor desempenho. Estas, porém, ainda não integram o espaço europeu. O índice sintético de fecundidade da Islândia é de 2, bem como o das norueguesas, enquanto a média europeia é de 1,5 filho por mulher. Ver Gille Pison, "Tous les pays du monde (2009)", *Population & Sociétés*, n. 458, julho-agosto de 2009.

aceitas;[8] finalmente, cada vez mais mulheres veem possibilidade de uma gravidez depois dos 40 anos.[9] Tudo isso vem junto com outra particularidade: a França é "campeã do mundo" em matéria de prática contraceptiva.[10] Possui número muito superior à média mundial (58%) e levemente abaixo da média dos países da Europa e da América do Norte (72%). O que, todavia, não impede as francesas, diferentemente das irlandesas católicas, de manterem um alto índice de abortos: mais de 210 mil por ano. Finalmente, o mistério da fecundidade gaulesa se adensa quando lemos, na escrita de Laurent Toulemon *et al.*, que o alto nível de fertilidade não se deve, como muitas vezes se supõe, à população imigrada: "Essa hipótese não é válida: o nível total de fertilidade na França nos anos 1990 teria diminuído em 0,07 filhos por mulher se não se contassem as mulheres imigradas na França. Além disso, as filhas de imigradas nascidas na França têm exatamente a mesma fertilidade total que a das mães nascidas na França."[11]

Em última análise, os mesmos demógrafos explicam o fenômeno francês por sua política familiar bastante original e até

---

8. *Le Figaro*, 24 de agosto de 2009. Em 1994, 275.248 crianças nasceram fora do casamento contra 465.526 no casamento. Em 2008, elas eram maioria: 435.156 contra 393.248.
9. *Ibid.*
10. Magaly Mazuy, *Être prêt-e, Être prêts ensemble?* Tese de doutorado defendida em setembro de 2006, p. 153-154. As estatísticas citadas provêm de um artigo de Henri Leridon e Laurent Toulemon, "La régulation des naissances se généralise", *Cahiers de l'Ined*, 2002, n. 149, p. 477-495.
11. Laurent Toulemon, Ariane Pailhé e Clémentine Rossier, *op. cit.*, p. 522.

mesmo inclassificável para alguns. Incontestavelmente generosa, já que as despesas totais para as famílias sobem para 3,8% do PIB (levando-se em conta a ajuda fiscal) e colocam a França no 3º lugar dos países da OCDE (Organização para Cooperação e Desenvolvimento Econômico), na qual a média é de 2,4%. Contudo, ela é menos bem-sucedida que na Dinamarca ou na Islândia. Mais diversificada que outras, a política familiar francesa concede igualmente uma ajuda, não insignificante (embora insuficiente), às mães que preferem interromper sua atividade profissional para cuidar da criança de menos de 3 anos. Depois da APE, criada em 1985 para auxiliar os pais de três filhos, a PAJE (Prestation d'Accueil du Jeune Enfant [auxílio--natalidade]), desde 2004, permite aos pais (na verdade à mãe) interromper suas atividades profissionais a partir do nascimento do primeiro filho por um período de seis meses. Esse "sistema de auxílio duplo que é posto em prática [para ajudar] ao mesmo tempo os pais que recorrem a qualquer tipo de guarda para manter sua atividade profissional e as mães que, ao contrário, decidem interromper esta para cuidar da criança",[12] respeita as escolhas maternas. Ele é encontrado também na Finlândia, na Noruega e mesmo na Áustria, países onde o índice de natalidade permanece baixo.

Por isso, a política familiar francesa não é a melhor do mundo. Faltam-lhe dois sérios trunfos para convencer as mulheres a

---

12. *Ibid.*

engravidar mais. Apesar da nova licença-paternidade,[13] ela não apresenta muita coisa para estimular os pais a dividir melhor o trabalho doméstico e os cuidados da criança com a companheira, enquanto os países escandinavos se esforçam nesse sentido. Além do mais, as mulheres, experimentando mais que os homens o desemprego, não têm ajuda do mercado de trabalho, e a política dos horários adaptados para as mães que têm uma atividade profissional continua tragicamente insuficiente. Enfim, encontrar vaga em uma creche, ou uma babá com horários compatíveis com os da mãe, é uma verdadeira façanha. As mães francesas são certamente privilegiadas em comparação com outras, mas sua situação está longe de ser idílica. O que nos leva a pensar que a política familiar, mesmo sendo a mais bem-sucedida, como nos países do norte, não pode por si só dar conta da realização ou não do desejo de filhos.[14]

Uma tradição ancestral: a mulher antes da mãe

É preciso remontar a vários séculos para tentar compreender o comportamento atual das francesas. Desde o século XVII e, sobretudo, o XVIII, o modelo ideal feminino está longe de se esgotar na maternidade. Ao contrário, ele a mantém a uma distância

---

13. Desde 1º de janeiro de 2002, os pais têm direito a duas semanas (três, no caso de nascimentos múltiplos) de licença remunerada quando do nascimento da criança.
14. A prova *a contrário* nos é dada pelos Estados Unidos. Nesse país, a política familiar é muito menos generosa que a da maioria dos países europeus e, contudo, a natalidade ali é nitidamente mais alta.

respeitável. A maternidade era um dever necessário para transmitir o nome e os bens do esposo, mas não era suficiente para definir uma mulher digna desse nome. Pode-se mesmo dizer que os cuidados da maternagem eram julgados incompatíveis com os deveres da mulher e da esposa distinta. As aristocratas, livres de preocupações materiais, foram as primeiras a praticar a arte de viver sem filhos. Desde o século XIII, elas se recusam a dar o seio e apelam para amas mercenárias.[15] No século XVII, foi a vez de as mulheres da alta burguesia sistematicamente entregarem os filhos, assim que nasciam, a amas. Mas é no século XVIII que o fenômeno se estende a todas as camadas da sociedade urbana.[16] Das mais pobres às mais ricas, nas pequenas ou nas grandes cidades, a partida das crianças para a casa das amas – por vezes muito longe da casa dos pais – foi uma prática generalizada. Se as mães mais desprovidas, obrigadas a trabalhar fora de casa para sobreviver, não tinham escolha, o mesmo não acontecia com as mulheres das classes mais abastadas, exatamente aquelas que sonhavam em se conformar ao modelo da mulher realizada.

No século XVIII, esta é, na ordem de importância, uma esposa, uma pessoa que tem deveres sociais e uma mãe. Ora, o aleitamento e os cuidados com a criança são obstáculos às duas

---

15. A abertura da primeira agência de amas em Paris data dessa época.
16. Elisabeth Badinter, *Um amor conquistado, op. cit.*, 1985, p. 34-97. Em Paris, em 1780, o chefe de polícia Lenoir avaliava que, das 21 mil crianças que nasciam anualmente, menos de mil eram alimentadas pela mãe, mil eram amamentadas pela ama em domicílio, e todas as outras eram mandadas para as casas das amas, no interior. Em Lyon, Prost de Royer fazia a mesma constatação.

primeiras prioridades. Além do fato de que as mulheres (e suas famílias) que se acreditavam acima da vulgaridade pensavam que era pouco glorioso elas mesmas aleitar, que o aleitamento era tão ridículo quanto repulsivo,[17] maridos e pais também foram responsáveis pela rejeição ao aleitamento... e à criança. Esta era um empecilho aos seus prazeres. Alguns se queixavam não só do forte cheiro de leite da esposa, mas também dos médicos da época, que proibiam as relações sexuais enquanto durasse o aleitamento (depois de tê-las proibido durante a gravidez). Na época, pensava-se que o esperma estragava o leite e o coalhava, o que obrigava o pai a longo período de abstinência, podendo afastá-lo do leito conjugal, levando-o ao adultério. Família, contraparentes, médicos e moralistas, imaginando a coesão familiar ameaçada, aconselhavam, portanto, unanimemente, a nova mãe a entregar o filho à ama. Toda a sociedade aprovava essa prática, e nem mesmo as mulheres parecem se queixar. Ao contrário, inúmeros testemunhos da época mostram que elas concordavam, porque, além de a criança ser um obstáculo à vida sexual, ela é também, em qualquer idade, um empecilho aos prazeres e à vida mundana.

---

17. *Ibid.*, p. 85. A palavra "ridículo" aparece com frequência nas correspondências e memórias da época. Mães, sogras e parteiras desaconselhavam a jovem a ela mesma alimentar, pois era inconveniente para uma dama de qualidade tirar o seio a cada instante para alimentar o bebê. Além de oferecer uma imagem animalizada da mulher "vaca leiteira", faltava pudor ao gesto. A mãe que amamentava devia, portanto, esconder-se do mundo, e interrompia por longo tempo a vida social.

Quando a criança voltava da casa da ama, era logo entregue a outra mercenária, a governanta (ou ao preceptor, se fosse menino), antes de ser mandada, por volta dos 8 ou 10 anos, para os internatos ou para os conventos, se fossem meninas.

Forçoso é constatar que, no Século das Luzes, os deveres maternos são reduzidos a pouca coisa. Ocupar-se com uma criança é pouco valorizador para a mulher, e o detalhe dos cuidados com ela não parece oferecer grandes satisfações. Aqueles que colocam a tranquilidade e os prazeres em primeiro lugar aderem ao pequeno poema de Coulanges:

> Há coisa menos agradável
> Que um bando de crianças gritando?
> Uma diz papai, outra diz mamãe
> E outra chora pedindo pão.
> E para ter essa conversa
> És marcado como um cão.[18]

Para as mulheres mais favorecidas, a realização se dá na vida mundana: receber e fazer visitas, mostrar um vestido novo, exibir-se nos passeios, frequentar os espetáculos. A mundana joga todas as noites até as primeiras horas da manhã. E gosta, então, de "gozar de um sono tranquilo ou que seja somente interrompi-

---

18. No original: *Fut-il jamais rien moins charmant/ qu'un tas d'enfants qui crient?/ L'un dit papa, l'autre dit maman/ et l'autre pleure après sa mie./ Et pour avoir cet entretien/ vous êtes marqués comme un chien.* [N. da E.]

do pelo prazer".[19] "E meio-dia encontra-a na cama."[20] Nenhuma culpa a atormenta já que o meio admite a necessidade da vida social, e que os próprios médicos lhe reconhecem a legitimidade, como Moreau de Saint-Élier, que afirmava em meados do século XVIII que cuidar de crianças "é um fardo constrangedor... na sociedade". Aos poucos, desembaraçar-se do filho torna-se uma marca de distinção social. Os pequeno-burgueses, as mulheres dos negociantes ou dos juízes locais, não sujeitas às mundanidades, apressam-se a copiar suas irmãs mais favorecidas. Na falta de uma vida social brilhante, elas podiam adquirir esse primeiro sinal de um prestígio invejado, entregando, elas também, suas responsabilidades maternas a mercenárias. Melhor seria não fazer absolutamente nada do que parecer ocupada com objetos tão insignificantes. Resultado: na época em que não existia nenhum substituto do leite materno, e em que as condições de higiene eram horríveis, as criancinhas morriam como moscas. A mortalidade das crianças com menos de 1 ano era visivelmente superior a 25%, e aproximadamente uma em cada duas crianças não chegava aos 10 anos.[21] Mas essas estatísticas devem ser adaptadas em função do modo de alimentação. De maneira geral, as crianças cuidadas e alimentadas pela mãe morriam duas vezes menos

---

19. François-Vincent Toussaint, *Les Moeurs*, 1748.
20. Madame Leprince de Beaumont, *Avis aux parents et aux maîtres sur l'éducation des enfants*, 1750.
21. François Lebrun, "25 ans d'études démographiques sur la France de l'Ancien Régime. Bilans et perspectives", *Historiens et géographes*, outubro de 1976.

que as entregues a uma ama: entre 11 e 18%, de acordo com as regiões e sua salubridade.

Esse fenômeno, que sempre chocou os especialistas em família, e mais ainda a sensibilidade comum, não se deve apenas ao fato de que a sociedade ainda não concedia à criança o lugar que lhe reconhecemos. Ele também se explica pelo desejo de as mulheres se definirem enquanto tal, e de se emanciparem de uma função materna pela qual ninguém realmente as valorizava. No século XVIII, liberada dos fardos próprios à condição feminina comum, a francesa das classes mais favorecidas é, com a inglesa, a mulher mais livre do mundo.[22] Diferentemente de suas irmãs mediterrâneas, ela tem toda a liberdade de ir e vir e de ter contato com o mundo. Melhor, sua presença e seu humor são os ingredientes necessários a uma sociabilidade refinada. Nas grandes cidades, ela mantém salão e procura reunir em torno de si homens e mulheres importantes. Para consegui-lo, não lhe basta fazer reinar uma galantaria requintada, é também necessário conhecer a sutil arte da conversação e manter-se a par dos acontecimentos culturais. Algumas obtêm com isso certa fama local e outras, uma verdadeira glória que lhes vale a posteridade. Aquelas que encarnaram a distinção feminina e que deixaram um nome no século XVIII são mulheres de cultura e saber, por vezes sem filhos, ou tendo realizado o serviço ma-

---

22. Ver abade de Pure, *La Précieuse*: "A maior das doçuras de nossa França é a da liberdade das mulheres; e ela é tão grande em todo o reino que nele os maridos quase não têm poder sobre elas e as mulheres são soberanas."

terno mínimo: pôr no mundo e casar do melhor modo possível sua progenitura.

Nossos antepassados do Século das Luzes nos legaram esse modelo pouco comum de uma mulher emancipada, desembaraçada das preocupações da maternagem e cuja identidade não se resume à maternidade. Apesar da revolução dos costumes advinda no final do século XVIII,[23] que perdurará até o surgimento do feminismo, a sociedade francesa sempre manteve um ponto de vista muito particular sobre a condição das mulheres e seus deveres maternos.

A francesa de hoje

O triunfo da filosofia rousseauniana, o crescimento do poder da burguesia e da ideologia natalista do final do século XIX e, finalmente, a revolução psicanalítica mudaram radicalmente a condição da criança. Tendo se tornado um bem precioso e insubstituível para a sociedade e para os pais, ela demandou cuidados maternais mais dedicados. Da mulher, exigiu-se que fosse atenta e responsável. Aos poucos, a maioria começou a amamentar e a cuidar dos filhos sob o teto parental. Segundo a expressão de Edmond Shorter, elas passaram pelo "teste do sacrifício".[24] Mas isso não aconteceu sem dúvidas ou resistências nos meios abastados, nos quais, em vez de elas mesmas alimentarem, as mães

---

23. Elisabeth Badinter, *Um amor conquistado*, op. cit., 2ª parte, "Um novo valor: o amor materno".
24. Edmond Shorter, *Naissance de la famille moderne*, 1977, p. 210.

traziam para o domicílio amas do interior. Essa prática durou até a descoberta, por Pasteur, dos métodos de assepsia, que abriram caminho para a generalização da mamadeira.

No entanto, o que surpreende na história das mães francesas dos séculos XIX e XX é que, apesar da ideologia dominante da boa mãe inteiramente dedicada aos filhos, as mais displicentes ou indiferentes conseguem muito bem escapar da obrigação. Seria necessário ser uma verdadeira madrasta, como a mãe de *Foguinho*,[25] para incorrer em opróbrio. Apesar das advertências dos médicos contra a mamadeira e em defesa do aleitamento natural[26] até imediatamente após a Segunda Guerra Mundial, muitas mães se fizeram de surdas, com a aprovação dos pais. A mamadeira, que triunfa depois da guerra, será considerada uma solução de compromisso visando conciliar os interesses pessoais da mulher e os da mãe. A mamadeira é a possibilidade de ir e vir e a de ser substituída junto ao bebê. É, pois, a liberdade restituída àquelas que desejam levar simultaneamente uma vida de mãe e de mulher. No início do século XXI, a maioria das francesas permanece ligada à trilogia dos papéis: conjugal, maternal e profissional. Para elas, a maternidade representa um fator de desenvolvimento necessário, mas não suficiente. Elas não desejam renunciar a

---

25. *Poil de carotte*. Célebre romance de Jules Renard, publicado em 1894. [Ed. bras.: *Foguinho*. Trad. Yone Maria de Campos Teixeira da Silva. São Paulo: Loyola, 1994].
26. Geneviève Delaisi de Parseval, Suzanne Lallemand, *L'Art d'accommoder les bébés, op. cit.*, p. 101-105.

nada, nem à maternidade, que elas conhecem tardiamente,[27] nem às suas ambições.

Se se pode falar do "caso das francesas" é porque, diferentemente da maioria das europeias, elas se beneficiam há muito tempo do verdadeiro reconhecimento da identidade feminina em si. A sociedade do século XVIII tinha perfeitamente admitido a entrega à ama, assim como as dos séculos XX e XXI acham legítimo o uso da mamadeira e da guarda das crianças pouco depois do nascimento. A creche e a escola maternal – invenção francesa – para as crianças de 2 anos e meio a 3 anos são provas do assentimento social a esse modelo materno em tempo parcial. Nem as mães, nem as sogras, nem os pais encontram nada a criticar. Compreende-se que cabe à jovem mãe escolher o modelo de vida que melhor atenda aos seus interesses e aos da criança. Nenhuma pressão moral ou social exige que ela seja mãe em tempo integral, nem mesmo no ano que se segue ao nascimento. A sociedade francesa admite há muito tempo que ela não é a única responsável pela criança. Na falta dos pais, sempre advertidos para dividirem igualmente as tarefas parentais e domésticas,[28] o Estado é considerado corresponsável pelo bem-estar e pela edu-

---

27. A idade média para se ter o primeiro filho é de 30 anos. *Le Monde*, 20 de outubro de 2009.
28. Para a inglesa Jane Bartlett, a igualdade da divisão de tarefas é um fator-chave na reprodução. Ver Jane Bartlett, *Will You Be Mother?*, *op. cit.* Segundo as últimas pesquisas, os pais não progrediram nos últimos vinte anos. Ainda são as mães que garantem os 4/5 das tarefas domésticas. Ver Arnaud Régnier-Loilier, "L'arrivée d'un enfant modifie-t-elle la répartition des tâches domestiques au sein du couple?", *Population & Sociétés*, n. 461, novembro de 2009.

cação do recém-chegado. Na opinião geral, ele tem deveres para com a mãe e a criança. A ponto de a opinião pública ser mais severa para com as carências do Estado e a insuficiência de guarda para as crianças do que para com as supostas carências da mãe e, mais ainda, dos pais.

Esse estado de espírito coletivo, ao mesmo tempo liberal e desculpabilizante, exerce certamente um papel positivo na decisão de procriar. Quanto mais se alivia o peso das responsabilidades maternas, mais se respeita a escolha da mãe e da mulher, e mais esta se dispõe a tentar a experiência ou mesmo a renová-la. Garantir a maternidade em tempo parcial, que, no entanto, alguns consideram insuficiente e, portanto, culpada, é hoje o caminho ideal para a reprodução. Em compensação, exigir da mãe que ela sacrifique a mulher que existe nela só pode retardar ainda mais a hora da primeira maternidade e até mesmo desencorajá-la.

Até quando?

Ficou claro que há quase três decênios acontece uma verdadeira guerra ideológica subterrânea da qual ainda não se avaliam plenamente as consequências para as mulheres. A volta com toda a força do naturalismo, revalorizando o conceito gasto de instinto materno e louvando o masoquismo e o sacrifício femininos, constitui o maior perigo para a emancipação das mulheres e para a igualdade dos sexos. Os partidários dessa filosofia, várias vezes milenar, detêm uma arma incomparável para fazer os costumes evoluírem na direção que eles desejam: a culpa das mães. A história já nos ofereceu um exemplo brilhante do método quando, na segunda metade do século XVIII, Rousseau, apoiado pelos moralistas, filantropos, natalistas e médicos, conseguiu convencer as mulheres e toda a sociedade a reinvestir na função materna. O argumento da volta à natureza entusiasmou algumas e culpabilizou outras.[29] O discurso moralizante dirigido a Sophie, futura esposa de *Émile*, foi bem compreendido pelas mulheres, e em particular por aquelas que não tinham nada a perder. A mãe admirável: finalmente uma função que elevava a condição feminina!

Hoje, a aposta não é mais a mesma. As mulheres exercem um papel considerável na sociedade e, se elas voltassem para casa durante os dois ou três anos aconselhados após o nascimento de cada filho, é provável que a economia do país se ressentisse, e certamente o emprego das mulheres seria atingido. Contudo, se a hipótese de uma volta maciça a casa é inimaginável, o discurso culpabilizante expande-se nas mentes. De tanto ouvirem repetir que uma mãe deve tudo ao filho, seu leite, seu tempo e sua energia, sob pena de depois pagar caro, é inevitável que cada vez mais mulheres recuem diante do obstáculo.

Na verdade, o naturalismo não tem pior inimigo do que o individualismo hedonista. Com exceção daquelas que encontram sua plena realização na maternidade pregada pelo primeiro, todas as outras farão, mais dia menos dia, a avaliação dos prazeres e das penas. De um lado, uma experiência insubstituível, o amor

---

29. Elisabeth Badinter, *Um amor conquistado, op. cit.*, p. 170-213.

dado e recebido, a importância da transmissão e da continuidade da vida; do outro, as frustrações e o estresse cotidiano, o sacrifício de si, os conflitos inevitáveis e, às vezes, o sentimento de derrota com a culpa decorrente. Os velhos pais abandonados pelos filhos não são um epifenômeno. Contrariamente ao que querem nos fazer acreditar, o amor nunca é evidente, nem mesmo o da mãe pelos filhos, os quais, quando adultos, não têm nada a restituir aos pais deficientes. De fato, não se pode dar o que não se recebeu...

O individualismo hedonista quer os prazeres sem as penas, ou, pelo menos, privilegiar os primeiros. Se quase 1/3 das alemãs (do Ocidente) permanecem sem filhos, é porque a conta não está certa. E se elas constituem 38,5% entre as diplomadas, significa que encontram realização sem ser na maternidade, *tal como lhes impuseram*. Que os defensores da maternidade ideal (na opinião deles) tirem suas conclusões antes que seja tarde demais.

Por enquanto, as francesas escapam do dilema do tudo ou nada. Elas já tinham resistido muito às orientações autoritárias de alguns pediatras; será que resistirão às dos naturalistas, solidamente apoiados pelas mais respeitáveis instituições mundiais, e às dos médicos e enfermeiras que cuidam delas na maternidade? Saberão elas impor seus desejos e sua vontade contra o discurso servil da culpa? Embora os períodos de crise e de incerteza não sejam propícios à resistência e à rebelião, parece que as jovens mulheres continuam amplamente a só fazer o que lhes dá na cabeça.

Até quando?

REFERÊNCIAS BIBLIOGRÁFICAS

ABÉCASSIS, Éliette. *Un heureux événement.* LGF, "Le Livre de Poche", 2005.

ABÉCASSIS, Éliette e BONGRAND, Caroline. *Le corset invisible. Manifeste pour une nouvelle femme française*, Albin Michel, 2007.

AMY, Marie-Dominique. *Construire et soigner la relation mère--enfant.* Dunod, 2008.

ANTIER, Edwige. *Attendre mon enfant aujourd'hui.* LGF, "Le Livre de Poche", 1999.

_____. *Éloge des mères. Faire confiance à l'instinct maternel pour favoriser l'épanouissement de nos enfants*, Robert Laffont, 2001.

_____. *Confidences de parentes.* Robert Laffont, 2002.

_____. *Vive l'éducation!* Robert Laffont, 2003.

ANTONY-NEBOUT, Viviane. *Hôpital ami des bébés. Impact sur l'allaitement. Militantisme ou respect des femmes.* Tese de Doutorado em Medicina, Universidade de Poitiers, 2007.

ARIÈS, Philippe. "L' enfant: la fin d'un règne", in: *Finie, la famille?*, Autrement, 1975, 1992.

AZOULAI, Nathalie. *Mère agitée.* Le Seuil, "Points", 2002.

BADINTER, Elisabeth. *L' amour en plus. Histoire de l'amour maternel. XVIIe–XXe siècles*, Flammarion, 1980, 2010.

BADINTER, Elisabeth. "La place des femmes dans la société française", *Lettre de l'OFCE*, n° 245, 12 de janeiro de 2004.

BARTLETT, Jane. *Will You Be Mother? Women Who Choose to Say No*. New York University Press, 1994.

BEAUDRY, Micheline. "Recréer une culture de l'allaitement". *Le Périscope*, primavera de 2002, vol. 61.

BEILIN-LÉVI, Catherine. "Le congé parental trop mal rémunéré pour séduire les papas européens". *Courrier Cadres*, n. 28, março de 2009.

BITOUN, Pierre. "Valeur économique de l'allaitement maternel". *Le Dossier de l'Obstétrique*, abril de 1994.

BJÖRNBERG, Ulla. "Ideology and Choice Between Work and Care: Swedish Family Policy for Working Parents". *Critical Social Policy*, 2002, 22 (1), p. 33–52.

BLUM, Linda M. *At the Breast. Ideologies of Breastfeeding and Motherhood in the Contemporary United States*. Beacon Press, 1999.

BOBEL, Christina G. "Bounded Liberation. A Focused Study of La Leche League International". *Gender & Society*, vol. 15, n. 1, fevereiro de 2001, p. 130–151.

BOULAY, Anne. *Mère indigne, mode d'emploi*. Denoël, 2006.

BRAZELTON, T. Berry. *Points forts. De la naissance à trois ans*, LGF, "Le Livre de Poche", 1999.

BRAZELTON, T. Berry. *Écoutez votre enfant*, Payot, "Petite Bibliothèque Payot", 2001.

BURKART, Günter. "Eine Kultur des Zweifels: Kinderlosigkeit und die Zukunft der Familie". In: *Ein Leben ohne Kinder*, Wiesbaden, Verlag für Wissenschaften, 2007, p. 401-423.

Elinor BURKETT, *The Baby Boom. How Family-Friendly America Cheats the Childless*. The Free Press, 2000.

CAIN, Madelyn. *The Childless Revolution. What It Means to Be Childless Today*. Perseus Publishing, 2001.

CAMERON, Jan. *Without Issue: New Zealanders who Choose Not to Have Children*. Canterbury University Press, 1997.

CAMPBELL, Annily. *Childfree and Sterilized*. Cassel, 1999.

CAMPBELL, Elaine. *The Childlessness Marriage. An Exploratory Study of Couples who Do Not Want Children*. Tavistock Publications, 1985.

CANNOLD, Leslie. *What, No Baby? Why Women Are Losing the Freedom to Mother, and How They Can Get It Back*. Curtin University Books, 2005.

CARMEL, Marlène. *Ces femmes qui n'en veulent pas. Enquête sur la non-maternité volontaire au Québec*. Éditions Saint-Martin, 1990.

CARTER, Pam. *Feminism, Breasts and Breast-Feeding*. Palgrave Macmillan, 1995.

CHODOROW, Nancy. *The Reproduction of Mothering*. University of California Press, 1978.

COPPOLA, Lucia e CESARE, Mariachiara di. "How Fertility and Union Stability Interact in Shaping New Family Patterns in Italy and Spain". *Working Paper*, WP 2007-21, Max Planck Institute for *Demographic Research*, junho de 2007.

CORNELISSEN, Waltraud. "Kinderwunsch und Kinderlosigkeit im Modernisierungsprozess". *Der Demografischer Wandel.* Campus Verlag, 2006, p. 137-167.

DARRIEUSSECQm Marie. *Le Bébé.* POL, 2002.

DAUNE-RICHARD Anne-Marie e NYBERG, Anita. "Entre travail et famille: à propos de l'évolution du modèle suédois". *RFAS*, n. 4, 2003, p. 515-527.

DAYAN, Jacques; ANDRO, Gwenaëlle e DUGNAT, Michel. *Psychopathologie et périnatalité.* Masson, 2003.

DEBONNET-GOBIN, Vicky. *Allaitement maternel et medicine générale.* Tese de Doutorado em Medicina, defendida em 26 setembro de 2005, Universidade da Picardia Jules Verne/Faculdade de Medicina de Amiens.

DEL BOCA, Daniela; AABERGE, Rolf; COLOMBINO, Ugo; ERMISCH, John; FRANCESCONI, Marco; PASQUA, Silvia e STRØM, Steinar. *Labour Market Participation of Women and Fertility: The Effects of Social Policies,* relatório para a Fundação de Benedetti em 2003.

DEL BOCA, Daniela; PASQUA, Silvia e PRONZATO, Chiara. "Why Are Fertility and Women's Employment Rates So Low in Italy? Lessons from France and UK", *Discussion Paper,* n. 1.274, agosto de 2004, IZA, p. 1-36.

DELAISI DE PARSEVAL, Geneviève e LALLEMAND, Suzanne. *L'Art d'accommoder les bébés.* Le Seuil, 1980; reed. Odile Jacob, 1998.

DELGADO, Margarita; MEIL, Gerardo e ZAMORA LOPEZ, Francisco. "Spain: Short on Children and Short on Family

Policies". *Demographic Research*, vol. 19, art. 27, julho de 2008, p. 1.059–1.104.

DELPHY, Christine. *L'Ennemi principal 1. Économie politique du patriarcat* e *L' ennemi principal 2. Penser le genre*, Syllepse, 1998 e 2001.

DER, Geoff et al. "Effects of Breastfeeding on Intelligence in Children". *British Medical Journal*, outubro de 2006. Disponível em: http://www.bmj.com.

DESCARRIES, Francine e CORBEIL, Christine (dir.). *Espaces et temps de la maternité*. Quebec, Les Éditions du Remue-ménage, 2002.

DEUTSCH, Hélène. *La Psychologie des femmes*. Vol. II, *Maternité*, PUF, 1949, p. 2–3.

DEVIENNE, Émilie. *Être femme sans être mère. Le choix de ne pas avoir d'enfant*, Robert Laffont, 2007.

DIDIERJEAN-JOUVEAU, Claude-Suzanne. *Anthologie de l'allaitement maternel*. Éditions Jouvence, 2002.

_____. *Partager le sommeil de son enfant*, Éditions Jouvence, 2005.

DIDIERJEAN-JOUVEAU, Claude-Suzanne e LAGANIER, Martine. *Maman bio. Mon bébé de la naissance à deux ans*. Eyrolles, 2009.

DONATI, Pascale. "Ne pas avoir d'enfant, construction sociale des choix et des contraintes à travers les trajectoires d'hommes et de femmes". *Dossier d'Études*, n. 11, Allocations Familiales, agosto de 2000.

DONATI, Pascale. "La non-procréation: un écart à la norme". *Informations Sociales*, n. 107, 2003, p. 44-51.

DORBRITZ, Jürgen. "Germany: Family Diversity with Low Actual and Desired Fertility". *Demographic Research*, vol. 19, art. 17, julho de 2008, p. 557-598.

DREUX, Claude e CRÉPIN, Gilles. "Prévention des risques pour l'enfant à naître", *Bulletin de l' Académie Nationale de Médecine*, n. 3, 2006, p. 713-724.

ELIACHEFF, Caroline e HEINICH, Nathalie. *Mères-filles, une relation à trois*, Albin Michel, 2002.

EYER, Diane E. *Mother-Infant Bonding: A Scientific Fiction*, Yale University Press, 1992.

FAUX, Marian. *Childless by Choice*. AnchorPress/Doubleday, 1984.

FLIS-TRÈVES, Muriel. *Bébé attitude*. Plon, 2005.

FOUQUE, Antoinette. *Il y a deux sexes*. Gallimard, "Le Débat", 1995.

FREUD, Sigmund. *Nouvelles conférences sur la psychanalyse*. Gallimard, "Idées", NRF, 1971.

GARNER, Hélène; MÉDA, Dominique e MOKHTAR, Jamila. "La place du travail dans l'identité des personnes em emploi". *DARES*, janeiro de 2004, n. 01.1.

GAUCHET, Marcel. "L' enfant du désir". *Le Débat*, n. 132, novembro/dezembro de 2004, p. 98-121.

GILBERT, Neil. *A Mother's Work. How Feminism, The Market and Policy Shape Family Life*. Yale University, 2008.

GILLESPIE, Rosemary. "Voluntary Childlessness in The United Kingdom", *Reproductive Health Matters*, vol. 7, n. 13, maio de 1999, p. 43-53.

_____. "When No Means No: Disbelief, Disregard and Deviance as Discourses of Voluntary Childlessness"; *Women's Studies International Forum*, vol. 23, n. 2, 2000, p. 223-234.

_____. "Contextualizing Voluntary Childlessness within a Postmodern Model of Reproduction: Implications for Health and Social Needs". *Critical Social Policy*, n. 21, 2, 2001, p. 139-159.

_____. "Childfree and feminine". *Gender & Society*, vol. 17, n. 1, fevereiro de 2003, p. 122-136.

GILLIGAN, Carol. *Une voix différente*. Flammarion, "Champs", 2008.

GLENN, Evelyn Nakano; CHANG, Grace e FORCEY, Linda Rennie (orgs.). *Mothering. Ideology, Experience, and Agency*. Routledge, 1994.

GOLD, Joshua M. e WILSON, J. Suzanne. "Legitimizing the Child-Free Family". *The Family Journal: Counseling and Therapy for Couples and Families*, vol. 10, n. 1, janeiro de 2002, p. 70-74.

GOODBODY, Sandra Toll. "The psychosocial implications of voluntary childlessness". *Social Casework*, 1977, n. 58.

GUERLAIS, Maryse. "Vers une nouvelle idéologie du droit statutaire: le temps de la différence de Luce Irigaray". *Nouvelles Questions Féministes*, n. 16-18, 1991.

GUILLAUMIN, Colette. *Sexe, race et pratique du pouvoir: l'idée de nature*. Côté-Femmes, 1991.

HAKIM, Catherine. *Work-Lifestyle Choice in the 21st Century*, Oxford University Press, 2000.

_____. *Key Issues in Women's Work*, Athlone, 1996, 2004.

HAKIM, Catherine. "For Decades We've Been Told Sweden Is a Great Place to Be a Working Parent. But We've Been Duped", entrevista com Johanna Moorhead, *The Guardian*, 22 de setembro de 2004.

HALMOS, Claude. *Pourquoi l'amour ne suffit pas*. NIL Éditions, 2006.

HAYS, Sharon. *The Cultural Contradictions of Motherhood*. Yale University Press, 1996.

HENZ, Ursula. "Gender Roles and Values of Children: Childless Couples in East and West Germany". *Demographic Research*, vol. 19, art. 39, julho de 2008, p. 1.451–1.500.

HOEM, Jan M. "Why Does Sweden Have Such High Fertility?". *Demographic Research*, vol. 13, art. 22, novembro de 2005, p. 559–572.

HOEM, Jan M.; NEYER, Gerda e ANDERSSON, Gunnar. "Education and Childlessness: The Relationship Between Educational Field, Educational Level, And Childlessness Among Swedish Women Born in 1955–1956". *Demographic Research*, vol. 14, art. 15, maio de 2006, p. 331–380.

HRDY, Sarah Blaffer. *Les instincts maternels*. Payot, 2002.

HURTIG, Marie-Claude; KAIL, Michèle e ROUCH, Hélène (dir.). *Sexe et genre. De la hiérarchie entre les sexes*. CNRS, 1991, 2002.

INPES [Institut National de Prévention et d'Éducation pour la Santé], *Zéro alcool pendant la grossesse*, dossiê para a imprensa, setembro de 2006.

IRELAND, Mardy S. *Reconceiving Women, Separating Motherhood from Female Identity*. The Guilford Press, 1993.

JEFFERS, Susan. *I'm Okay, You Are a Brat*. Los Angeles, Renaissance Books, 1999.

JEFFRIES, Sherryl e KONNERT, Candace. "Regret and Psychological Well-Being Among Voluntary and Involuntary Childless Women and Mothers". *International Journal of Aging & Human Development*, 2002, vol. 54, n. 2, p. 89–106.

JOLIVET, Muriel. *Un pays en mal d'enfants. Crise de la maternité au Japon*. La Découverte, 1993.

KAUFMANN, Jean-Claude. *L'invention de soi*. Armand Colin, 2004.

KLAUS, M.; JERAULD, P.; KREGER, N.; MCALPINE, W.; STEFFA, M. e KENNELL, J. "Maternal Attachment: Importance of the First Postpartum Days". *New England Journal of Medicine*, 286 (9), março de 1972, p. 460–463.

KLAUS, M. e KENNEL, J. "Maternal-Infant Bonding: The Impact of Early Separation or Loss on Family Development", Saint-Louis, Mosby, 1976.

_____. *Parent-infant bonding*, Saint-Louis, Mosby, 1982.

KLAUS, M.; KENNEL, J. e KLAUS, P. *The Doula Book: How a Trained Labor Companion Can Help You Have a Shorter, Easier and Healthier Birth*. Perseus Books, 2002.

KNEALE, Dylan e JOSHI, Heather. "Postponement and Childlessness: Evidence from Two British Cohorts". *Demographic Research*, vol. 19, art. 58, novembro de 2008, p. 1.935-1.968.

KNEUPER, Elsbeth. "Die natürliche Geburt – eine globale Errungenschaft?". In: Wolf, A. e Hörbst, Viola (org.). *Medizin und Globalisierung: Universelle Ansprüche, lokale Antworten*, 2003, p. 107-128.

KNIBIEHLER, Yvonne. *La révolution maternelle depuis 1945*. Perrin, 1999.

_____. "L' allaitement et la société". *Recherches Féministes*, vol. 16, n. 2, 2003, p. 11-33.

KOROPECKYJ-COX, Tanya e PENDELL, Gretchen. "Attitudes About Childlessness in the United States". *Journal of Family Issues*, vol. 28, n. 8, agosto de 2007, p. 1.054-1.082.

KRAMER, Pascale. *L'implacable brutalité du réveil*. Mercure de France, 2009.

LAFAYETTE, Leslie. *Why Don't You Have Kids? Living a Full Life Without Parenthood*. Nova York, Kensington Books, 1995.

LAMB, Michael. "The Bonding Phenomenon: Misinterpretations and Their Implications". *Journal of Pediatrics*, 101, (4), fevereiro de 1982, p. 555-557.

_____. "Early Contact and Maternal-Infant Bonding. One Decade Later". *Journal of Pediatrics*, 70 (5), novembro de 1982, p. 763-768.

LEE, Christina e GRAMOTNEV, Helen. "Motherhood Plans Among Young Australian Women". *Journal of Health Psychology*, vol. 11, n. 1, 2006, p. 5-20.

LETHERBY, Gayle. "Mother or Not, Mother or What?". *Women's Studies International Forum*, vol. 17, n° 5, 1994, p. 525-532.

_____. "Other Than Mothers and Mothers as Others: The Experience OF Motherhood and Non-Motherhood in Relation To 'Infertility' and 'Involuntary Childlessness'", *Women's Studies International Forum*, vol. 22, n° 3, 1999, p. 359-372.

_____. "Childless and Bereft?: Stereotypes and Realities in Relation to "Voluntary" and "Involuntary" Childlessness and Womanhood". *Sociological Inquiry*, vol. 72, n. 1, 2002, p. 7-20.

LONGMAN, Phillip. "The Return of Patriarchy". *Foreign Policy*, 1º de março de 2006.

MAHER, Jane Maree e SAUGÈRES, Lise. "I forgot to have children". *Journal of the Association for Research on Mothering*, 2004, n. 6, p. 116-126.

MAHER, Jane Maree e SAUGÈRES, Lise. "To Be or Not to Be a Mother". *Journal of Sociology*, The Australian Sociological Association, vol. 43 (1), 2007, p. 5-21.

MALINOWSKI, Bronislaw. *La sexualité et sa répression dans les sociétés primitives* [1921]. edição de 1932.

MARSHALL, Joyce L.; GODFREY, Mary e RENFRE, Mary J. "Being a 'Good Mother': Managing Breastfeeding and Merging Identities". *Social Science & Medicine*, 65, 2007, p. 2.147-2.159.

MATHIEU, Nicole-Claude. *L'anatomie politique: catégorisations et idéologies du sexe*. Côté-Femmes, 1991.

MAZUY, Magali. *Être prêt-e, être prêts ensemble? Entrée en parentalité des hommes et des femmes en France*. Tese de Doutorado em Demografia, defendida em setembro de 2006, Universidade Paris I Panthéon-Sorbonne.

MCALLISTER, F. e CLARKE, L. *Choosing Childlessness: Family and Parenthood, Policy and Practice*. The Family Policy Studies Centre, 1998.

MCQUILLAN, Julia; GREIL, Arthur L.; SHREFFLER, Karina M. e TICHENOR, Veronica. "The Importance of Motherhood Among Women in the Contemporary United States", *Gender & Society*, vol. 22, n° 4, agosto de 2008, p. 477-496.

MCQUILLAN, Julia e TORRES STONE, Rosalie A. e GREIL, Arthur L. "Infertility and Life Satisfaction Among Women". *Journal of Family Issue*, vol. 28, n. 7, julho de 2007.

MILEWSKI, Françoise e PÉRIVIER, Hélène (org.). "Travail des femmes et inégalité", *Revue de l'OFCE*, n. 90, julho de 2004, p. 225-258.

MORELL, Carolyn M. *Unwomanly conduct. The Challenges of Intentional Childlessness*. Routledge, 1994.

NEMET-PIER, Lyliane. *Mon enfant me dévore*. Albin Michel, 2003.

NIEL, Xavier. "Six femmes au foyer sur dix aimeraient travailler, mais une sur dix cherche vraiment un emploi", *DARES*, fevereiro de 1998, n. 09-1.

NURSEY-BRAY, Joanna. *Good wifes and wise mothers*. Tese defendida no Centro de Estudos Asiáticos da Universidade de Adelaide, 1992.

OLAH, Livia Sz. e BERN, Eva M. "Sweden: Combining Childbearing and Gender Equality", *Demographic Research*, vol. 19, art. 28, julho de 2008, p. 1.105-1.144.

ONFRAY, Michel. *Théorie du corps amoureux*, LGF, "Le Livre de Poche", 2007.

PANCOL, Katherine. *Moi d'abord*, Le Seuil, 1979, 1998.

PARK, Kristin. "Choosing Childlessness: Weber's Typology of Action and Motives of the Voluntary Childless", *Sociological Inquiry*, 2005, vol. 75, n. 3, p. 372–402.

PERNOUD, Laurence. *J'élève mon enfant*. Horay, 2008.

PISON, Gilles. "France 2008: pourquoi le nombre de naissances continue-t-il d'augmenter?", *Population & Sociétés*, n° 454, março de 2009.

PLUTARCO. *Œuvres morales*, t. I, *Sur l'éducation des enfants*. Paris, Hachette, 1870.

PONTOREAU, Pascale. *Des enfants, en avoir ou pas*, Les Éditions de l'Homme, 2003.

PRIOUX, France. "Recent demographic development in France: fertility at a more than 30-year high". *Population-E*, 62 (3), 2007, p. 415–456.

PRIOUX, France. "L'évolution démographique récente en France: l'espérance de vie progresse toujours". *Population-F*, 63 (3), 2008, p. 437–476.

PRSKAWETZ, Alexia; SOBOTKA, Tomas; BUBER, Isabella; ENGELHARDT, Henriette e GISSER, Richard. "Austria: persistent low fertility since the mid-1980's", *Demographic Research*, vol. 19, art. 12, julho de 2008, p. 293–360.

RÉGNIER-LOILIER, Arnaud. "L' arrivée d'un enfant modifie-t--elle la répartition des tâches domestiques au sein du couple?", *Population & Sociétés*, n. 461, novembro de 2009.

REY, Jean. "Breastfeeding and cognitive development", *Acta Paediatrics Supplement*, 2003, 442, p. 11-18.

ROBERT-BOBÉE, Isabelle. "Ne pas avoir eu d'enfant: plus fréquent pour les femmes les plus diplômées et les hommes les moins diplômés", *France, portrait social*, 2006, p. 181-196.

RONSIN, Francis. *La grève des ventres. Propagande néomalthusienne et baisse de la natalité en France, XIXe-XXe siècles*, Aubier, 1980.

ROSE, Alessandra de; RACIOPPI, Filomena e ZANATTA, Anna Laura. "Delayed Adaptation of Social Institutions to Changes in Family Behaviour". *Demographic Research*, vol. 19, art. 19, julho de 2008, p. 665-704.

ROSSI, Alice. "A biosocial perspective on parenting". *Daedalus*, 106 (2), primavera de 1977, p. 1-31.

SANDRE-PEREIRA, Gilza. "La Leche League: des femmes pour l'allaitement maternel (1956-2004)". *Maternités*, CLIO (21), 2005, p. 174-187.

SARDON, Jean-Paul. "Évolution démographique récente des pays développés". *Population*, n° 1, janeiro-março de 2002.

SAUTIÈRE, Jane. *Nullipare*, Verticales, 2008.

SCHEDENIG, Vera. "Mit einem Kind bin ich da eing'sperrt und kann nimmer raus", *Uber das weibliche Selbstverständnisgewollt kinderloser Frauen*, Wien, Ihr-Land, 2000, p. 61-79.

SERRE, Geneviève. "Les femmes sans ombre ou la dette impossible. Le choix de ne pas être mère", *L' autre, Cliniques, Cultures et Sociétés*, 2002, vol. 3, n° 2, p. 247-256.

SERRE, Geneviève; PLARD, Valérie; RIAND, Raphaël e MORO, Marie Rose. "Refus d'enfant: une autre voie du désir?" *Neuropsychiatrie de l'Enfance et de l'Adolescence*, n. 56, 2008, p. 9-14.

SERRES, Michel. *Le contrat naturel*. François Bourin. 1990.

SINGLY, François de. *Le soi, le couple et la famille*. Nathan, 1996.

_____. *Fortune et infortune de la femme mariée* (1987), PUF, 2004.

SINGLY, François de. *L'injustice ménagère*. Armand Colin, 2007.

Société Française de Pédiatrie. *Allaitement maternel. Les bénéfices pour la santé de l'enfant et de sa mère*, publicado pelo Ministère des Solidarités, de la Santé et de la Famille, 2005.

D. SOMERS, Marsha. "A comparison of voluntary childfree adults and parents". *Journal of Marriage and the Family*, vol. 55, n. 3, agosto de 1993, p. 643-650.

STANWORTH, Michelle (org.). *Reproductive Technologies: Gender, Motherhood and Medicine*, 1987.

STRÖBEL-RICHTER, Yve; BEUTEL, Manfred E.; FINCK, Carolyn e BRÄHLER, Elmar. "The wish to have a child, childlessness and infertility in Germany". *Human Reproduction*, 2005, vol. 20, fasc. 10.

STRYCKMAN, Nicole. "Désir d'enfant", *Le Bulletin Freudien*, n. 21, dezembro de 1993.

SUTTON, Nina. *Bruno Bettelheim. Une vie*, Stock, 1995.

TAVAREZ, Elisabeth W. "La Leche League International: class, guilt, and modern motherhood". *Proceedings of the New York State Communication Association*, 2007.

THEVENON, Olivier. "L' activité féminine après l'arrivée des enfants. Disparités et évolutions en Europe à partir des enquêtes sur les forces de travail, 1992-2005". *Documents de Travail*, 148, setembro de 2007, INED, p. 3-61.

THEVENON, Olivier. "Les politiques familiales des pays développés: des modèles contrastés", *Population & Sociétés*, n. 448, setembro de 2008.

THIRION, Dra. Marie. *L'allaitement. De la naissance au sevrage*, Albin Michel, 1994, 2004.

TOULEMON, Laurent. "Très peu de couples restent volontairement sans enfant". *Population*, n. 4/5, julho-outubro de 1995, p. 1.079-1.109. Publicado pelo INED.

TOULEMON, Laurent. *La fécondité en France depuis 25 ans*. Relatório encaminhado ao Alto Conselho da População e da Família, janeiro de 2003.

TOULEMON, Laurent; PAILHÉ, Ariane e ROSSIER, Clémentine. "France: High and Stable Fertility". *Demographic Research*, vol. 19, art. 16, julho de 2008, p. 503-556.

TOULEMON, Laurent e TESTA, Maria Rita. "Fécondité envisagée, fécondité réalisée: un lien complexe". *Population & Sociétés*, n. 415, setembro de 2005.

TYLER MAY, Elaine. *Barren in the Promised Land. Childless Americans and the Pursuit of Happiness*. Harvard, University Press, 1995.

VALLÉE, Édith. *Pas d'enfant, dit-elle... Le refus de la maternité*. Imago, 2005.

VATANASOMBOON, Parance *et al.* "Childlessness in Thailand: An Increasing Trend Between 1970 and 2000". *Journal of Public Health and Development*, vol. 3, n. 3, 2005, p. 61–71.

VEEVERS, Jean E. *Childless by Choice*. Toronto, Butterworths, 1980.

WALL, Glenda "Moral Constructions of Motherhood in Breastfeeding Discourse". *Gender & Society*, agosto de 2001, p. 592–610.

WEINER, Lynn Y. "Reconstructing Motherhood: The La Leche League in Postwar America". *The Journal of American History*, vol. 80, n. 4, março de 1994, p. 1.357–1.381.

WHEELER, Janet. "Decision Making Styles of Women Who Choose Not to Have Children". *9th Australian Institute of Family Studies Conference*, 9–11 fevereiro de 2005.

WIRTH, Eike. "Kinderlosigkeit von hochqualifizierten Frauen und Männern im Paarkontext. Eine Folge von Bildungshomogamie?" In: *Ein Leben ohne Kinder, Kinderlosigkeit in Deutschland*, Verlag für Sozialwissenschaften, 2007, p. 167–199.

YALOM, Marilyn. *A History of the Breast*. A. Knopf, 1997. [Tradução francesa: *Le sein. Une histoire*, Galaade Éditions, 2010.]

O texto foi composto em Minion Pro,
impresso em papel off-white no Sistema Digital Instant Duplex
da Divisão Gráfica da Distribuidora Record.